ほんとうの定年後

「小さな仕事」が日本社会を救う

坂本貴志

講談社現代新書

2671

目次

第2部　「小さな仕事」に確かな意義を感じるまで　151

第3部　「小さな仕事」の積み上げ経済

はじめに

近年、高年齢者の労働参加が急速に進んでいる。

総務省「国勢調査」によれば、２０２０年における70歳男性の就業率は45・７％とすでに半数近くの70歳男性は働き続けるという選択を行っている。女性の高年齢者に関しても、ここ10年ほどで労働参加が急拡大している。

少子高齢化で生産年齢人口が減少するなかで、高年齢者の労働参加に対する社会的な期待は年々高まっている。近い将来、定年後も働き続けることはますます「当たり前」になっていくだろう。

こうしたなか、定年後の働き方について、どれだけの人がその実態を知っているだろうか。世の中の定年後の就業者がどのような仕事をしていて、そこでどういった働き方をしているか。おそらく当事者であってもその全体像はわかっていないのではないだろうか。現役世代（本書では、本来は定年後の人も仕事をしているという意味で現役ではあるものの、便宜上、定年である60歳未満の就業者を「現役世代」としている）の人はその実態はなおさらよくわからないのが現状だろう。

組織で働いている人であれば、仮に自身が30代だったとして、自分が10年後にどういう働き方をしているかは組織内の40代を見れば想像がつく。40代の人も同様に50代を見ればわかるだろう。

しかし、定年後の働き方はなんともよくわからないのである。多くの人が思い描く定年後の働き方はおそらく再雇用を始めとする継続雇用だと考えられるが、生涯現役時代である現代においては、70歳になっても、またそれ以降に働くことも十分に考えられる。

そう考えれば、継続雇用の期間というのは多くの企業で5年ほどであり、あくまで定年後のキャリアの一部分にすぎない。その後、60代後半、70代前半、70代後半と歳を重ねる中で、人はどのような仕事に携わるのか。それは、なかなか想像が難しい。

一方、高齢の方が働いている光景を街中で目にする機会は、日に日に増えている。私の生活圏内にあるコンビニエンスストアでも80歳近いとみられる女性の方が働いている。商品を決済したり品物を陳列したりしている様子を見ると、その手さばきは決して速いとは言えないが、その方のゆっくりとした仕事ぶりからは、自分なりのペースで少しでも世の中に貢献したいという思いを確かに感じる。

また、各種施設で活躍されている警備員・管理人には高齢の方が多い。駅前の車両の管理、公共施設の整備といった仕事についても、日頃意識している人は少ないだろうが、こうした仕事が私たちの日々の生活を陰ながら支えている。

彼らがなぜ歳を取ってまで働いているのか。その個々の事情まではわからない。生活には十分に余裕があるが少しでも誰かの役に立ちたいと思って仕事をされている方もいれば、日々の家計の足しにすることを目的としながら働いている人もいるだろう。場合によっては年金の支給額が不十分で、働かなければ生活ができないというひっ迫した状況にある人もいるかもしれない。

本書の目的は、定年後の仕事の実態を明らかにすることにある。

ここでいう「定年後の仕事」とは、概ね60歳以降の仕事を指している。多くの企業では定年制度を定めており、その設定年齢は60歳が最も多い。場合によっては65歳を定年に定めている企業もある。本書で扱う定年後の仕事には、多くの企業で行われている65歳までの再雇用の仕事も当然含むし、その前段階の50代における状況も分析対象としているが、本書がとりわけ焦点に当てているのは長く勤めてきた会社を離れた後の仕事である。

本書は3部構成になっている。第1部では、家計の収入や支出、仕事内容などに関する様々なデータから、定年後の仕事の実態を、15の事実としてまとめた上で明らかにしている。データの分析によって、たとえば、平均的な家計において定年後に本当に稼ぐべき額は月10万円程度であることだったり、キャリアの中で人は仕事に対する意義を見失うタイミングがあり、多くの人は50代でその転機を経験することなどがわかる。第1部を読めば、定年後の仕事の全体像をつかむことができると思う。

第2部では、7人の定年後の就業者の事例を通して、歳を取るにつれて仕事に対する姿勢がどのように変化していくのかを追った。第3部は、第1部と第2部で明らかにした定年後の仕事の実態を前提として、少子高齢化が進展していくなかで、社会が定年後の仕事に対してどう向き合っていけばよいのかについていくつかの提案をしている。

定年後の仕事の実態を明らかにするという本書の目的に照らして考えたとき、その中核にあるのは第1部と第2部である。

ここで第1部と第2部の結論を先に簡単にまとめておきたい。

定年後の仕事の実態を丹念に調べていくと浮かび上がってくるのは、定年後の「小さな仕事」を通じて豊かな暮らしを手に入れている人々の姿である。さらに明らかになるのは、このような定年後の「小さな仕事」が必要不可欠なものとして人々の日々の暮らしの中に埋め込まれており、かつそれが実際に日本経済を支えているという事実である。

もちろん、定年後の人々を取りまく状況は多様だ。企業の管理職や高度な専門職に就いて、生涯において仕事で大きな成功を続ける人もいるだろうし、現役時代に仕事を通じて貯蓄に励み余生を悠々自適に過ごす人もいる。またその正反対に、生活費を稼ぐために歳を取っても必死で働いている人もいるだろう。

こうした人々が存在するのは紛れもない事実である。しかし、こうした姿はもはや定年後の「典型」ではない。本書で焦点を当てるのはむしろ、定年後の「小さな仕事」に無理なく従事しながら、日々慎ましくも幸せな生活を送っている人たちの姿だ。なぜなら、このような人たちの姿が高齢期の「典型」であることを、様々なデータが教えてくれるからである。

さらに、事例を通じて、多くの人が現役時代から定年後のキャリアに向けた移行期に悩む経験をすることがわかってくる。そして、その転機に向き合うことで、競争に勝ち残り、高額の報酬を得ることだけがキャリアの目的ではないことに、人は気づいていく。本書で紹介する定年後の就業者の方々の姿からは、現役時代とは全く異なる仕事に対する向き合い方について、そこに至るまでのプロセスを追体験できると思う。

本書を読み進めるにあたってのいくつかの留意事項を記しておきたい。

第1部では様々なデータを用いて定年後の仕事の実態を明らかにしているが、データは政府統計を中心に構成している。統計データの調査年に関しては概ね2019年を中心に取っている。2020年以降は、新型コロナウィルスによる給付金の支給や一部業種での景況感の悪化などから、家計経済や働き方が一時的に大きく変動したためである。

政府統計で捕捉が難しいものに関しては、リクルートワークス研究所「全国就業実態パネル調査」を用いている。同調査は、およそ5万人の調査対象者に毎年質問を送る大規模パネル調査となっており、公的統計に準拠するレベルの調査となっている。著者が実施した簡易的な調査である「シニアの就労実態調査」のデータも一部で利用している。同調査はシニアを中心とした約4000人の方に対して行ったインターネットモニター調査である。公的統計などでは取れないシニアの仕事に対する考え方などを聞いており、本書では一つの参考データとして用いている。

また、第2部について、登場人物はいずれも仮名である。それぞれのエピソードは著者が行ったインタビューの結果に基づいており、いずれも実際に行われたインタビュイーの発言を記述したものであるが、掲載にあたっては匿名性の担保などの理由から大きく編集を行っている。このため、いずれの事例も架空の人物のエピソードということで理解いただきたい。

漠然とした不安を乗り越え、豊かで自由に生きるにはどうすればいいのか。本書を通じて定年後の仕事の等身大の姿を知ることが、その一助となれば幸いである。

第1部　定年後の仕事「15の事実」

事実１　年収は３００万円以下が大半

安定した老後を送るためにはなんといっても経済的な裏付けが欠かせない。果たして現代の定年後の就業者はどのくらいの収入を得ているのか。また、将来において、定年後に高所得を得ることは可能になるのか。収入の額の分布から現実を見ていこう。

意外と知らない「定年後の年収」

まず、定年後の年収はいくらなのだろうか。

国税庁「民間給与実態統計調査」によれば、２０１９年の給与所得者の平均年収は４３６・４万円となっている。この調査には、国内で働くすべての給与所得者が含まれており、フルタイムで正社員として働く人はもちろんパート労働者なども含まれた数値となっている。給与所得者の平均年収は、20～24歳の２６３・９万円から年齢を重ねるごとに右肩上がりで上昇し、ピークを迎えるのが55～59歳の５１８・４万円となる。そして、多くの人が定年を迎える60歳以降、給与は大きく減少する。平均年間給与所得は、60～64歳には４１０・７万円、65～69歳では３２３・８万円、70歳以降は２８２・３万円まで下が

図表1-1 給与所得者（年間勤続者）の平均給与

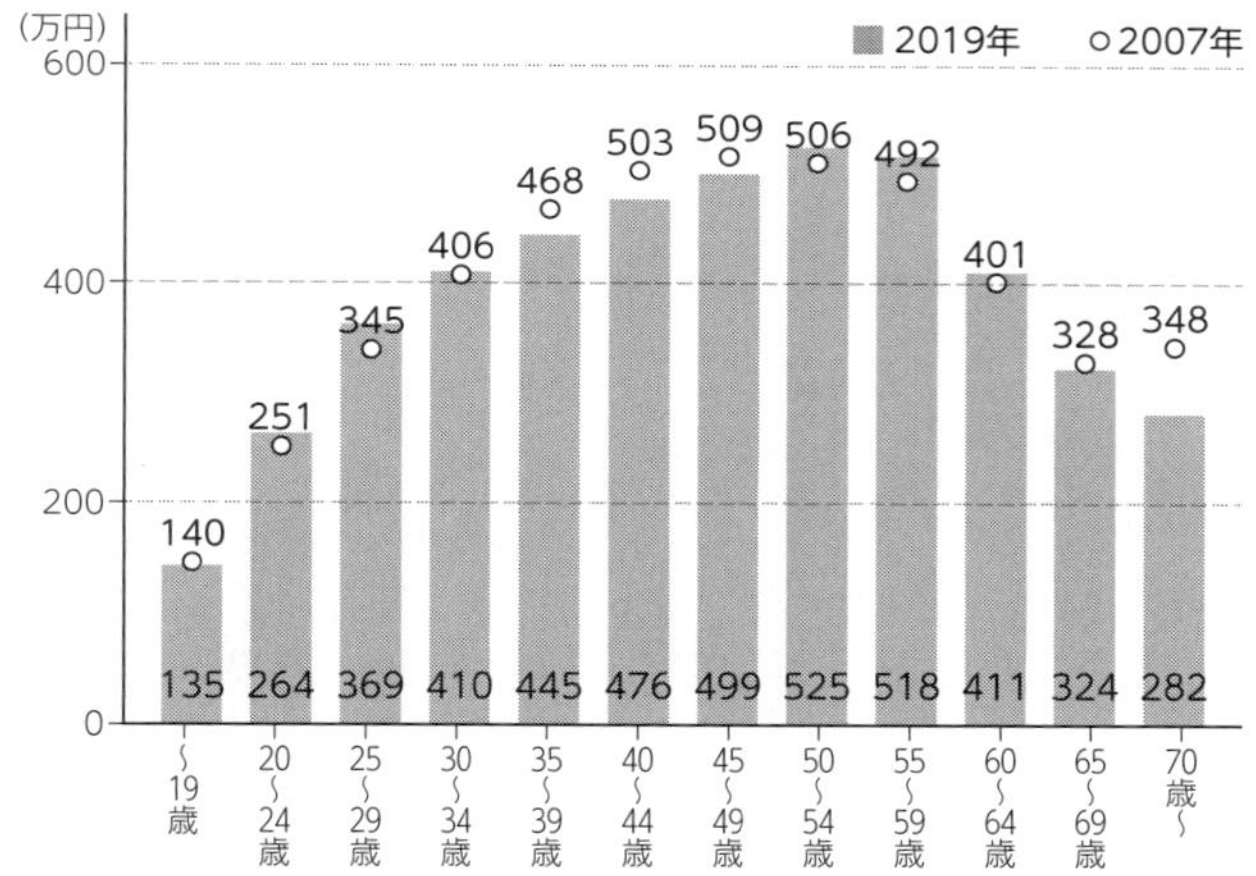

（出典）国税庁「民間給与実態統計調査」

る。

図表１－１では、現在の年齢区分で比較可能である最も古い年次である２００７年における平均年収も記している。定年後の就業者について、２００７年当時の給与水準と比較すると、はっきりと上昇している年齢区分は存在しない。高齢者人口の増加や労働参加の促進によって高年齢者の就業者数は増えていることから、厳密にいえば高い収入を稼ぐ人の絶対数も徐々に増えているとは考えられるが、まだまだ定年後の就業者の平均的な収入水準は低いといえそうである。

　この調査が集計しているのは、民間給与所得者でかつ一年間を通して就業している人の給与額の平均値である。現役世代の収

図表1-2 年収の分布

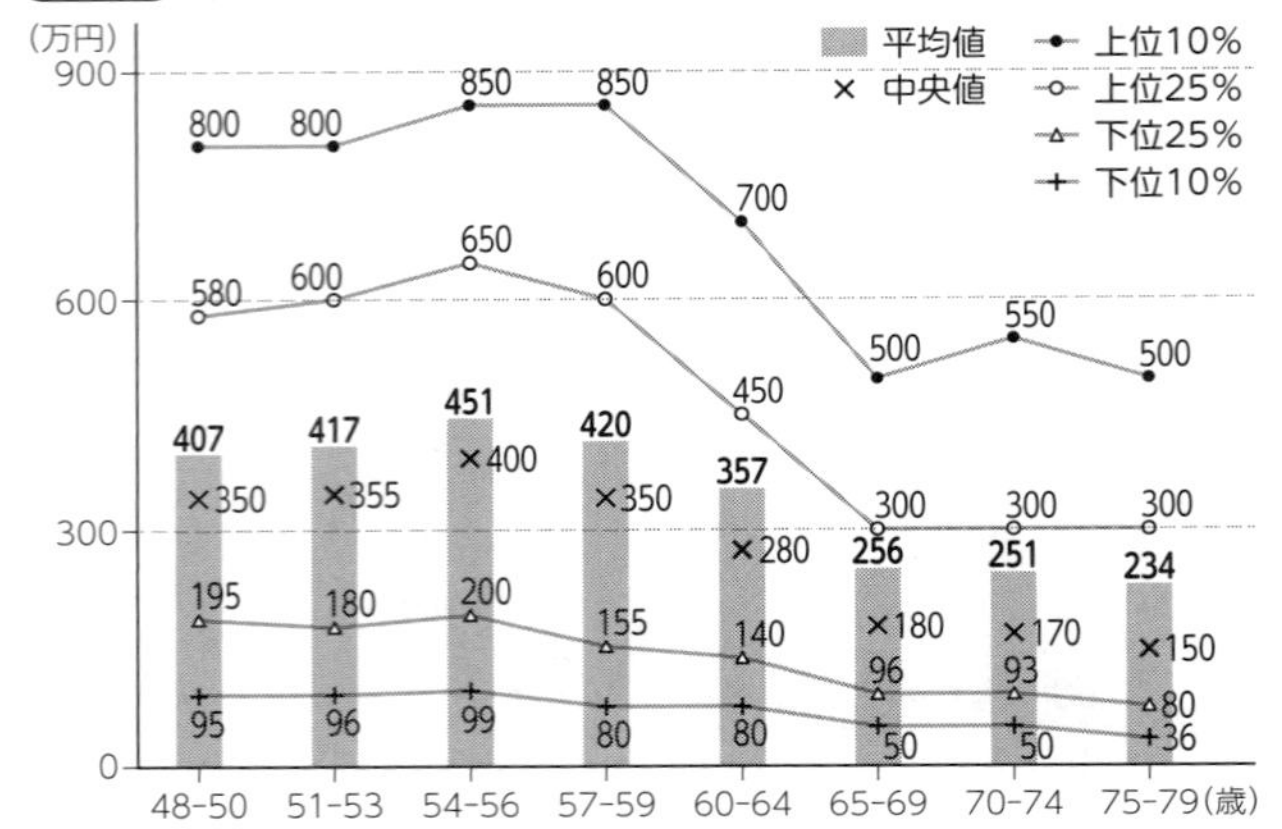

(注)2019年の値
(出典)リクルートワークス研究所「全国就業実態パネル調査」

入については給与所得者のデータで概ねその全体像がわかるが、高齢就業者は自営業者であることも多く、サラリーマンとして給与を得る人はそこまで多くない。定年前後以降の年収分布をより仔細にみるために、また自営業者を含む就業者全体の給与を調べるために分析を行ったものが上図となる（**図表1－2**）。

　ここからも、定年以降は年齢階層が上がるにつれて所得が徐々に低下していく様子が確認される。60歳以降の就業者全体の年収分布をみていくと、60代前半では平均収入は357万円で、上位25％所得は450万円、収入の中央値は280万円となる。60代後半に目を移すと平均額は256万円まで下がり、上位25％所得は300万円、中央値が180万円まで下がる。定年後の就業者の収入の実態を探っていくと、300万円以下の収入の人が大半であることがわかる。

また、収入の平均値やその分布は、就業者を分母として算出される。このため、当然であるが非就業者は算定の対象外になる。定年後は非就業となる人、つまり収入がゼロになる人が多くいるため、高年齢者全体である程度の収入を得る人は非常に少ないというのが実情ということになる。

定年前に下がり、定年後にもう一段低下する

先の図表では、定年前の収入額の変遷を分析するために、40代後半から50代まで3歳おきの収入分布を掲載している。このデータから、収入のピークは定年直前の50代後半ではなく、50代中盤にあることがわかる。

収入低下の第一のタイミングは50代後半に訪れる。これは、定年を前にした役職の引き下げによるものだと考えられる。一定数の企業は役職定年制度を定めており、それと同時に給与も下げる傾向がある。

役職定年制度の実態は、人事院が公務員の給与を算定する際に活用している調査である「民間企業の勤務条件制度等調査」からつかむことができる。2017年時点において、

企業全体の16・4％、従業員規模５００人以上に絞れば30・7％の企業が役職定年制度を導入している。役職定年制度を正式に採用している企業は多くはなく、潮流としては一律に年齢で役職の上限を設けるという企業は減る傾向にある。しかし、役職定年制度がない企業でも異動によって実質的な役職を下げて賃金を抑制するなど、運用によって賃金を引き下げているケースもある。50代後半になると早期退職で収入水準を下げる人もいるなど、個人の年収のピークは50代半ばにあることが多いと考えられる。

そして、第二の給与削減の波は、定年直後に訪れる。これは想像の通り、定年を迎えた段階で会社を退職したり、同じ会社で再雇用に移行したりすることで給与が減少するからである。

60歳から64歳の平均給与所得は55歳から59歳の8割程度である。これは、女性配偶者などもともとパートで働いている人なども含まれた数値となるため、50代で正社員で高収入を得ていた人などは低下幅はより大きくなると予想される。正社員で勤め続けていた人に限定すれば、同じ勤務体系でも定年直後は定年前と比較して3割程度給与が下がるというのが実情のようである。

歳を重ねるごとに収入は着実に減少する

定年後、多くの人が年齢を重ねるにつれて徐々に稼得水準を下げていることにも着目したい。つまり、定年後の所得状況をみると、年収水準は定年前後に不連続かつ一時的に減少するというよりも、むしろ定年前後以降に緩やかにかつ断続的に減少していくというのが実態に近い。

これはなぜかというと、歳を取るごとに自身に様々な変化が起こり、より無理のない範囲で働くよう就業調整をしているからだと推察される。仮に50代でセカンドキャリアに向けて起業をしたとして、優秀な方であれば気力あふれる当初においては事業を順調に営むことができる。しかし、65歳、70歳、75歳と歳を重ねれば、自身の健康面や仕事に向かう気力や体力などに変化が訪れる。やっと事業に目途がたったと同時に、その事業の縮小を余儀なくされることも珍しくない。

あるいは、定年後に嘱託やパート・アルバイトといった形で非正規雇用で就業を続けている人であっても、歳を取るごとに収入をある程度犠牲にしてでも就業時間を制限し、より無理のない仕事に調整することがある。

定年後のキャリアに向けて、仕事で挑戦を続ける姿勢を否定しているのではない。むしろ、多くの人が高齢になってもスキルアップを続けて社会に貢献することは、社会的に好ましい。実際に70歳時点で700万円以上の年収を稼ぐ人は就業者のなかで5・2%と一定数存在している。世の中にあふれている成功体験をみるまでもなく、年齢にかかわらず挑戦を続け、大きな成功を手にする人が存在することは疑いのない事実である。

しかし、現実の収入分布をみると、そういった働き方を続ける人は少数派だとわかる。今後ますます人々の就業期間の延長は進むであろうが、過去からの推移をみても、定年後に高い給与を得る人が急速に増加していくことはこれからも考えにくい。定年後高収入を実現している人は現実的な人数としてはそう多くないのである。

事実2　生活費は月30万円弱まで低下する

定年後は仕事をしたとしても、現役時代のような高い収入を稼ぎだすのは難しい。一方で、家計の支出額は、その人のライフサイクルの段階に応じて変わる。現実問題として、定年後には一体どのくらいの出費があるのか。社会人として自立してから死亡するまでの家計支出の全体像を追う。

教育費から解放され、生活費がぐっと下がる

図表1-3は、総務省「家計調査」から、二人以上世帯の一月当たりの平均支出額を年齢階級別に取ったものである。64歳までは勤労世帯の家計収支を、65歳以降は無職世帯の家計収支を取ることで、65歳で引退すると仮定した生涯の家計支出の全体像を分析していく。

家計支出額は34歳以下の月39・6万円から年齢を重ねるごとに増大し、ピークは50代前半の月57・9万円となる。人生の前半から中盤にかけての時期は、家族の食費に教育費、住宅費、税・社会保険料とにかくお金がかかる。

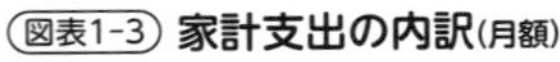

図表1-3 家計支出の内訳(月額)

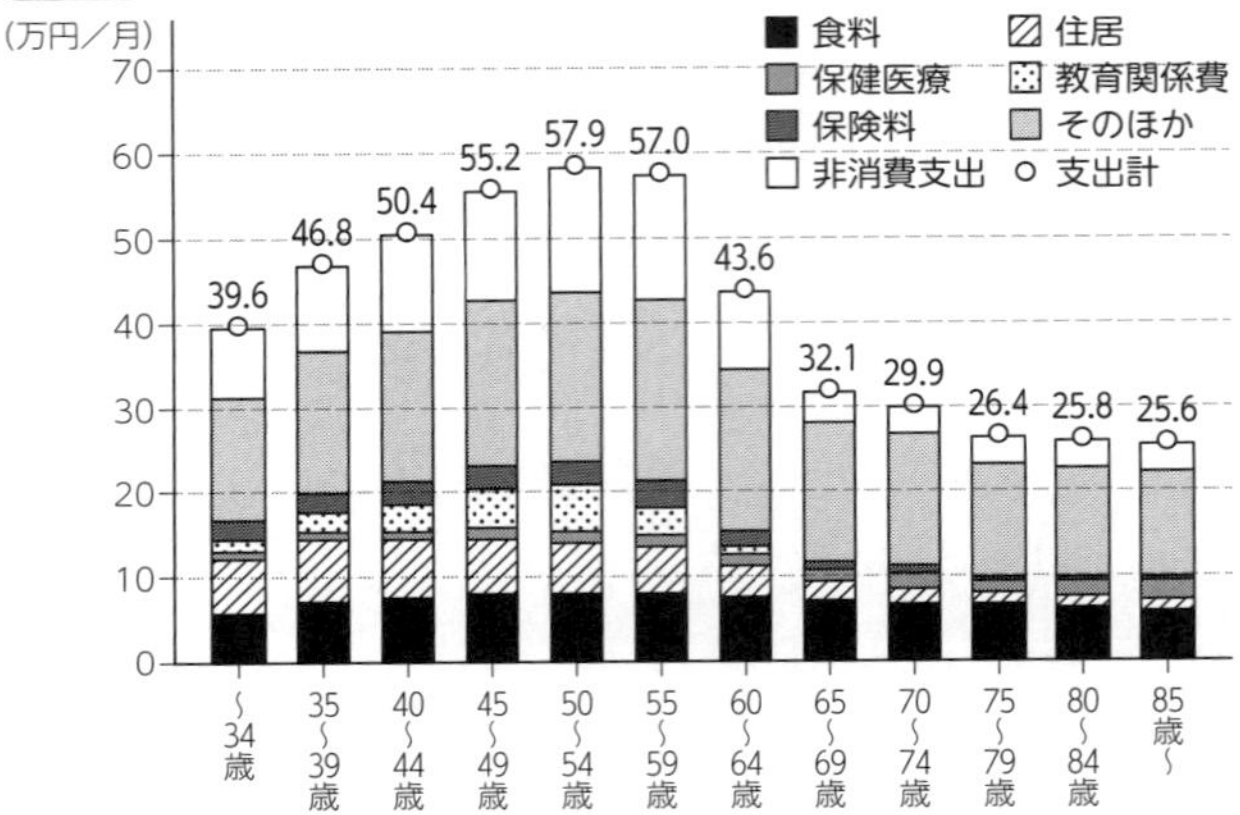

(注)2人以上世帯(60代後半以降は無職世帯の前提)。2019年の値
(出典)総務省「家計調査」

その後は、50代後半まで家計支出は高い水準を維持しつつ、60代前半以降で減少していく。最も減少幅が大きいのは50代後半から60代前半にかけて。定年を境に、月57・0万円から43・6万円と支出額が減る。60代前半以降も家計支出は減少を続け、60代後半時点で月32・1万円、70代前半時点で29・9万円まで出費は少なくなる。それ以降も緩やかに家計支出は減少、70代後半以降は月26万円程度で安定して推移するようになる。

支出額の減少に最も大きく寄与しているのは、教育に関する費用である。家計調査では授業料や入学金、塾などの補助教育費などの「教育費」に、定期代、かばんや文房具、遊学中の仕送り金などの間接的な経費を合わせたものが「教育関係費」としてまとめられている。

教育関係費は、50代前半で月5・1万円だったものが、50代後半で月3・3万円、60代前半で月0・8万円まで減少し、それ以降はほぼゼロになる。これは定年前後以降の家計支出額減少分の大きな部分を占める。長年家計の悩みの種であった教育に関する費用から解放され、生活費がぐっと下がるのである。

持ち家比率が上昇し、住宅費負担がなくなる

そして、もう一つ定年後の生活水準に大きくかかわる項目に、住宅関連費用がある。住居については、持ち家の購入が良いか、それとも借家住まいが良いかは、一概に甲乙つけがたい問題でもある。持ち家には住宅ローンさえ払い終えれば自身の資産になるというメリットがある一方、借家にもライフスタイルに合わせて自由に住居を変えることができるというメリットがあるなど、それぞれに一長一短がある。

ただ、こうした中、定年後の家計を展望してわかることは、結果的には人生の最終期に持ち家を所有していることは、概ね良い選択になるということである。

その根拠は、住居非保有者の家計支出の内訳をみるとわかる。**図表1－3**では、住宅保有者を含む全世帯の支出の平均値を表しているため、家計支出に占める住居費の割合は小

図表1-4 土地家屋借金返済額と持ち家比率

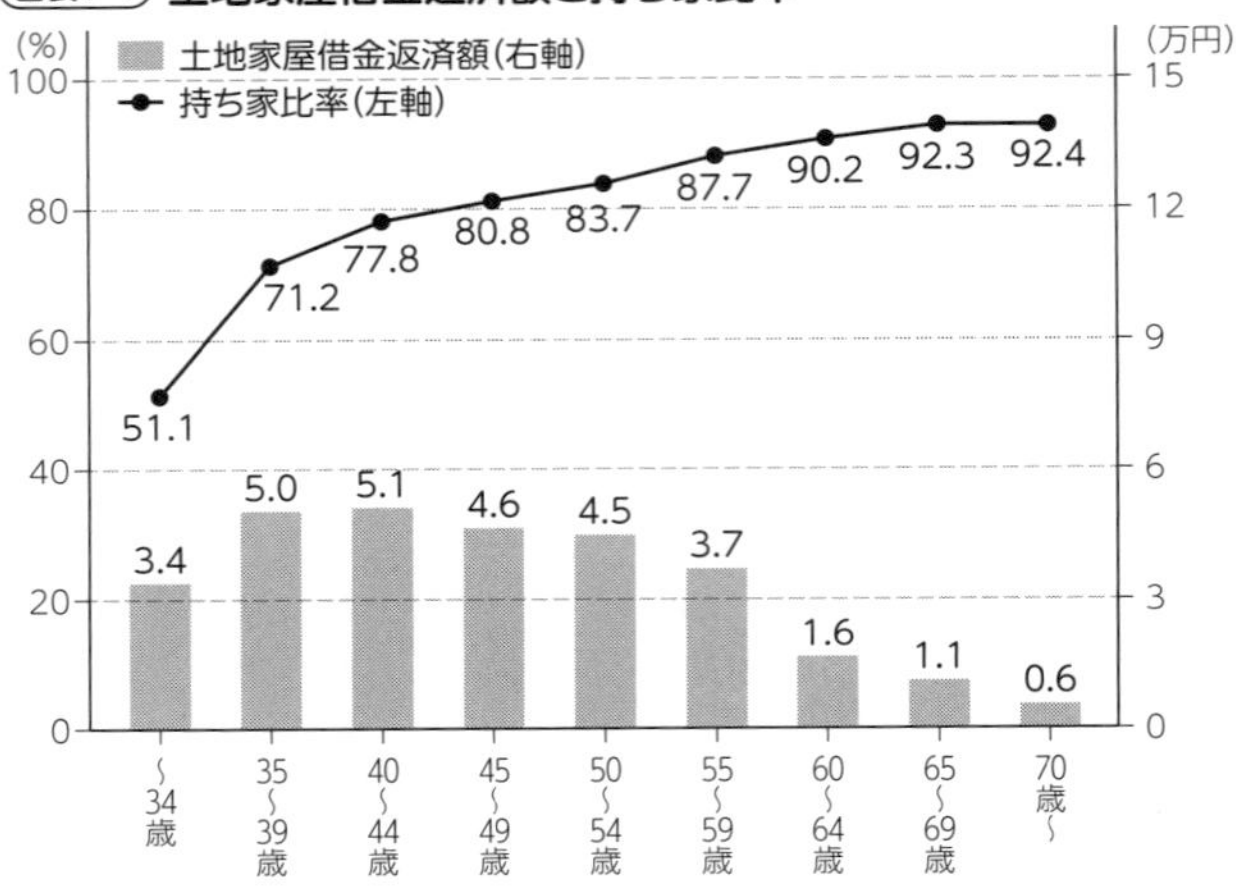

(注)2019年の値
(出典)総務省「家計調査」

さい。しかし、借家の人に限定して家賃に関する費用を算出すると、65～74歳でその額は月5・1万円に上る。月5万円程度の支出というのは、高齢期の家計にとってはかなり大きい。高齢になって働けなくなる時を想定すれば、できる限り家賃はかからない状況にしておくことに越したことはない。

　実際に、持ち家比率は年齢が上がるにつれて上昇する（**図表1－4**）。34歳以下の年齢階層で51・1％であったものが、40代後半で80％、60代前半で90％を超える。そして、最終的には大半の家庭で家を保有するという選択をしていることがわかる。データからは、持ち家比率が住宅購入適齢期といわれる30代や40代を過ぎても年齢とともに緩やかに上昇する様子が見受けられる。40代後半で80・8％だった持ち家比率が60代後半で92・3％まで上昇するように、住宅購入の判断が遅すぎるということはない。子育てがひと段落したのちに、身の丈に合った小さな住宅を購入するという選択も十分に合理的なのである。

住宅ローンの平均返済金額は、30代後半から40代前半の5万円程度をピークに下がっていく。住宅ローンの支払金額は定年後の減少が著しく、60代前半は月1・6万円、60代後半が同1・1万円、70代以降は住宅ローンを返済している人はほとんどいない。現在のシニア世代は住宅バブルの真っ只中に住宅を購入した人も多く含まれる。それでもなんとか住宅ローンは払い終えている人がほとんどなのである。なお、この数値は住宅ローンがある人もない人も含めた平均金額である。また、住宅に関係する費用は住んでいる地域の特性に大きく左右されるが、当然、数値には都市に住む人も地方に住む人も含まれている。

高齢期に住宅ローンの支払いが少ない理由は、多くの人は住宅ローンの早期返済を行っており、現役時代に債務を返し終わるからである。住宅金融支援機構「住宅ローン貸出動向調査」によれば、2019年度の住宅ローンの約定貸出期間は27・0年であるのに対し、完済債権の貸出後経過期間は16・0年であった。近年は資産価格の高騰や金利の低下による影響などから、住宅ローンの返済期間は長くなる傾向にあるが、現状では多くの人が20年以内には借入金を返し終えていることがわかる。

高齢期に資産性のある住宅を所有しておくことは、自宅を担保に老後にかかる資金の借り入れを行う「リバースモーゲージ」による住宅資産の活用など、いざ高齢期に資金が足りなくなってしまった場合の保険にもなる。稼得収入があるうちに自身の経済状況と相談しながら、住居保有の是非を適切に判断することが必要だろう。

多くが心配する医療費負担は大きくない

これは気づかれにくいことであるが、実は定年後の家計支出の最も大きな変化は「非消費支出」に表れる。非消費支出とは税金や社会保険料など家計の自由にならない消費のことである。50代後半で月14・2万円の額が必要となるが、60代前半で8・8万円、60代後半で3・7万円まで急激に下がる。

もちろんこれは定年後に非就業になる世帯という前提があるからでもあるが、そもそも定年後の労働収入はほとんどの家計でそう大きくないため、就業世帯であっても非消費支出が大きく減るという事実は変わらない。逆に言えば現役時代にはそれだけ大きな税・社会保障負担を強いられているともいえるのだが、高齢になれば収入が減ることで所得税や住民税が大幅に減額になり、年金保険についてはそもそも保険料を支払う側から年金給付を受け取る側になる。

さらに、教育費や住宅費以外の項目に関しても、支出額は定年前後以降に緩やかに減少する。**図表1－3**では細かな支出項目は「そのほか」の項目にまとめて記載しているが、支出額の増減を小項目の内訳で探っていくと、外食費、洋服費、自動車等関係費、通信費、こづかいなどの項目で特に減少する。子供が独立し世帯人数が減少することなどから、幅広い項目で費用が縮減することがわかる。

高齢期の家計を展望したとき、多くの人が不安に駆られるのはなんといっても保健医療費である。

しかし、実際に高齢期の家計簿をみると、65歳から74歳において平均月1・7万円となっており、保健医療に関する支出はそれほど多くはない。重度の生活習慣病を患い継続的に医療費が発生する場合や、突発的な病気の後遺症によって長期の介護を必要とする場合など、高齢期のリスクについてそのすべてに対応することは難しいが、多くの場合は高額療養費制度など日本の医療保険制度によって必要な医療は低負担で受けることができるようになっている。

最後に、ここまでのデータはすべて二人以上世帯に関するものであった。家計調査においては、データの制約上、単身世帯の家計支出は35歳以上60歳未満と、60歳以上の世帯でしかとれないが、これをみても、やはり現役時代の月18・9万円から60歳以上で月14・8万円へと減少し、定年後にはそこまでのお金はかからないことがわかる。

高齢になると家計支出額が大きく減少する。このことは多くの人がぼんやりと認識していると思われるが、実際にこれほどまでに支出が減るということを多くの人はあまりわかっていないのではないか。40代や50代で現在の支出水準がこれからも続いていくような感覚を持ち、将来への不安を募らせる人も少なくないが、実際には高齢期の家計に過度な不安を抱く必要はないと考えられる。

定年後の支出額は定年前と比較して大きく減少する。そして、60代中盤以降はなんといっても年金給付が受けられる。結局、定年後にいくら稼ぐべきなのか。すでに引退して労働収入がない世帯の家計収支の差に着目することで、定年後に必要な収入の額を導き出す。

事実3　稼ぐべきは月60万円から月10万円に

定年前の支出が多い時期に稼ぐ仕組みに

家計の収入と支出を比較し、その差額を算出したものが**図表1－5**である。若い頃から歳を取った時までの家計収支全体の推移をざっくりとみていてわかるのは、生涯を通じて家計の支出額と収入額は強く連動しているということである。つまり、収入が増えればその分支出を増やそうとするし、支出が増えるのであればその分稼ぐ必要が生じる。

家計の収入と支出には双方向に因果関係が働いている。こうしたなか、ここで着目したいのは、まず家計に必要となる支出額が先にあって、それに連動して収入が増減する流れである。なぜなら、先述の通り40代、50代で教育費や住居費が急増することは、多くの世

図表1-5 家計の収入と支出の差

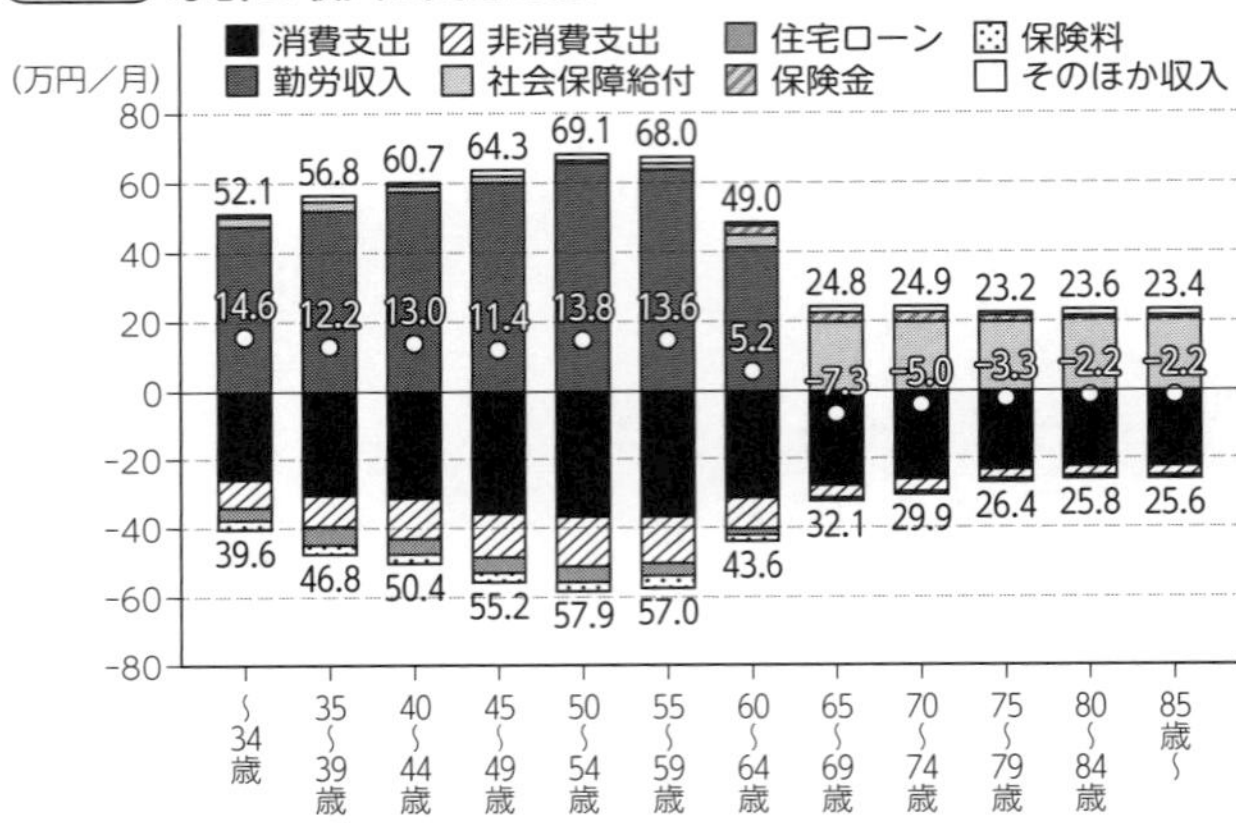

(注)2人以上世帯(60代後半以降は無職世帯の前提)。2019年の値
(出典)総務省「家計調査」

帯にとっては不可避であるからである。

データからは、特定の時期に個人が受け取る収入は、その時期に必要になる家計支出額に応じて決まることがわかる。人生で最も稼ぎが必要な時期があって、それに応じて高い報酬が支払われる日本型の雇用慣行は、こうしてみると実によくできた仕組みともいえる。

理屈上、給与は各従業員の能力やパフォーマンスによって決まるべきであるが、実際の従業員の給与はそのように決まってはいないのである。多くの企業では、従業員の給与は、実質的に各人のライフステージに応じて生じる費用を考慮して設計されている。その人の能力が実際に高いかどうかの合理的な説明なしに、年齢が高いからといった理由だけで高い給与が支払われるのは、日本企業において日常茶飯事である。

いまだに多くの企業で、教育費などがかさむ定年前には高い給与を支払う代わりに、支出水準が少ない若年から中堅にあたっては実際のパフォーマンスに比して低い給与水準に設定される傾向は残っている。こうした後払い賃金の仕組みは、経済学上も長期雇用のインセンティブを高める仕組みとして広く知られており、日本型雇用の根幹をなすものである。

こうした中、少子高齢化による中高年社員の増加、転職の一般化などから、日本型雇用慣行は制度疲労を起こしており、時代にそぐわないものになっていると言われて久しい。実際に、賃金カーブのフラット化など年功序列の仕組みを修正していく動きは緩やかではあるものの、日本の大企業でも進んできている。将来の報酬体系のあり方を考えれば、この構造は緩やかに解消に向かっていくだろう。

そもそも、女性活躍の進展によって男女ともに稼ぐ世の中になっているのだから、40代、50代でもそこまで高い給与を得なくてもそれなりの生活を送ることができるようになってきているとも考えられる。

ただ、家計収支の全体像をみてもわかるとおり、ライフサイクルに合わせて安定した生活を送れるという年功給の持つメリットは案外大きいものである。定年前、家計支出が最も多くなる時期に多くの給与が保証される仕組みは、日本企業の優しさゆえともいえる。実際に各種意識調査などをみても、従業員の報酬はあくまでその人の能力やその人が上げる成果によってのみ決まるべきだという人もいるが、企業において安定した生活を送りたいという声も根強い。企業が従業員に対して安定した生活を送れるだけの報酬を支払いつつ、従業員側も安心して仕事においてパフォーマンスを上げるというシステムには一定の合理性がある。生活給の側面は時代の経過とともに徐々に薄れていきつつも、多くの企業において給与体系が完全に成果給や職務給に置きかわることは今後もないだろう。

退職給付金についても同様のことが言える。各企業で定められている退職給付金の算定ルールや所得税法等における退職所得の課税方法などをみると、勤続年数が長ければ長いほど有利な設定がなされていることがわかる。こうした社会制度は今後緩やかに変えていくことが社会的には望ましいが、現状の制度を前提にすれば、長期雇用の個人としての経済的な利益は少なくないと考えられる。

定年を前に長年勤めてきた会社を離れて第二のキャリアを歩むことが望ましいかどうかはその人の置かれた状況によってケースバイケースであり、どちらが良いかを一律に決めることはできない。早期退職をした後に十分な稼ぎを得られる見込みがあればセカンドキャリアに向けて果敢に挑戦していくべきであるし、会社に残ったほうが利益が大きいのであればそのまま今いる会社で働き続けることを考えてもよいだろう。逆に無計画に会社を飛び出したり、現在の会社で働き続けることを無条件の前提として考えることは好ましくないということである。いずれにせよ、キャリアの後半戦においては、目の前にある選択肢のなかから主体的に仕事を選択していく意識はやはり重要なのだと思う。

会社に残ることを選択するのであれば、そこで与えられた役割にかかわらず、まずは自身ができる限り最大限のパフォーマンスを仕事で発揮することが必要だろう。そのうえで、家計の観点からは、給与が高い時期にこれまで低く抑えられてきた報酬分をしっかりと回収しておく。そうした考えが「定年前の基本」となる。

定年後は月10万円程度稼げばやっていける

定年後の家計に目を移していくと、仕事から引退した世帯の65歳から69歳までの収入額は、合計でおよそ月25万円となる。その内訳は、社会保障給付（主に公的年金給）が月19・9万円、民間の保険や確定拠出年金などを含む保険金が月2・7万円、そのほかの収入が月2・2万円である。一方で先述の通り支出額は32・1万円であるから、収支の差額はマイナス7・6万円となる。

壮年期には世帯で月60万円ほどの額が必要とされる労働収入であるが、定年後は年金に加えて月10万円ほど労働収入があれば家計は十分に回るということがわかる。

月10万円稼ぐにはどのくらい働けばいいか。時給１０００円の仕事につくのであれば、月１００時間働く必要がある。この場合、たとえば、週4日勤務で一日6時間、もしくは一日8時間働くのであれば週3日勤務することになる。これが、時給１５００円になれば同じ勤務体系でもう5万円追加で稼げる。

そこまで稼げれば平均的な世帯と比べても十分に裕福な暮らしができるのが現実なのである。また、黒字額も生じることから、働けなくなる頃に備えてさらに貯蓄を積み立てることもできる。定年後の収入額の中央値は１００万円台半ばであるというデータがあったが、これは冷静に考えれば、多くの人にとってはその程度の収入で生活が営めるということにほかならない。

さらにいえば、夫婦がともに月15万円から20万円を稼ぐことができれば世帯で月30万円超の収入となるため、そもそも年金の給付を受ける必要がなくなる。厚生年金を含む公的年金の支給開始年齢はまもなく65歳で統一されるところであるが、同年齢は本人の意思で繰り下げあるいは繰り上げすることが可能である。

厚生労働省「厚生年金保険・国民年金事業年報」によれば、令和2年度における老齢厚生年金の繰り下げ率は1・0％。現状、繰り下げ受給を選択する人はごくわずかである。

しかし、65歳以降も一定額の収入を無理なく稼ぐことができるのであれば、年金の繰り下げ受給はもっと積極的に検討してよいのではないか。2020年5月に成立した年金制度改正法においては、年金の受給開始時期の選択肢の拡大が行われ、年金の受給開始時期を60歳から75歳までの間で選択できるようになった。さすがに75歳まで繰り下げられる人は少ないだろうが、自身の可能な範囲で年金の受給年齢を遅らせることで、高齢期の生活をより豊かなものにすることができる。

高齢期の家計における最大のリスクは、当初の予定より長生きしてしまう可能性にあると言える。もちろん、このリスクに対応するためにストックとしての貯蓄をするという選択肢や、投資によって資金を増やすという選択もあり得る。

しかし、高齢期のリスクに対して最も有効な対策は、月々の収入のフローを増やすということではないだろうか。それにあたって最も信頼に値するのが公的年金であることに異論はないだろう。そう考えると、多くの人が現実的に取り得るあらゆる選択肢のなかで、最も人生のリスクに強い選択の一つが公的年金の受給開始年齢の繰り下げだと私は考える。

もともとの年金受給額が月20万円の世帯の場合、受給開始年齢を70歳まで繰り下げると年金受給額が月28・4万円に増える。さらに、75歳まで延長すれば、月36・8万円に増える。ここまで年金受給額を増やすことができれば、老後のための蓄財はほとんど必要ないだろう。

もちろん、思いもかけず短命に終わった場合は、年金の受給年齢の繰り下げは結果としては損につながる。しかし、公的年金もあくまで保険である以上、これを損だと嘆いても始まらない。リスクを最小化し、高齢期に安心して暮らせるために、働けるうちは働いて年金は働けなくなったときのために残しておくという選択肢は、多くの人がもっと積極的に検討してもいいと思うのである。

将来は年金財政がひっ迫して年金がもらえなくなるのではないかという人もいるが、過度な心配をする必要はない。仮に、現在平均的な世帯で月20万円もらえている年金支給額が、年金財政の悪化によって月数万円程度減額となったとしても、このような対策を考えておけば平均的な家計は十分に持ちこたえられると考えられる。

無理なく働くことが社会的にも重要

現代日本ではこれだけ高齢者が増えているのだから、定年を過ぎても現役世代と変わらず稼ぎ続けてもらう必要があるのではないか。そういう声も近年では高まっている。しかし、経済や財政の持続可能という観点からみても、定年後に「小さな仕事」で月10万円から十数万円程度の所得を稼ぐ人が増えていくことは、社会的にみても大きな意義がある。支えられる側から支える側になってほしい。こうした考えは財政が危機的な状況にまでひっ迫している現在の状況にあって、政府の切実な願いであるし、その気持ちはよくわかる。

たしかに、定年後にあっても現役時代と変わらずに稼ぎ続けてくれることは社会的にも理想である。しかし、すべての人に現役時代と同程度の働きを要求するのは無理があるのではないかと思うのである。実際に、定年後も変わらずにバリバリと働き続けられる人はそこまで多くはない。であれば、大多数の人には定年後の十数年間において、自身が食っていけるだけのお金を稼いでもらい、社会的に支えられない側になってもらうだけでも、それはそれで十分に大きな貢献なのではないか。

長寿化が進む現代において、家計のライフサイクルがどのように変化しているのかを模式的に表したのが**図表1－6**となる。寿命が延びた分、新たに稼がなくてはならない部分はこの図の三重線の部分になる。この時期は子供の教育費も住宅関連費用もさほどかからない時期で、寿命の延伸によって新たに必要となる負担というのは実はさほど大きくはない。

もちろん、高齢化によってどうしても働けない人も増える。それは社会全体の生産性の

図表1-6　家計のライフサイクルの変化

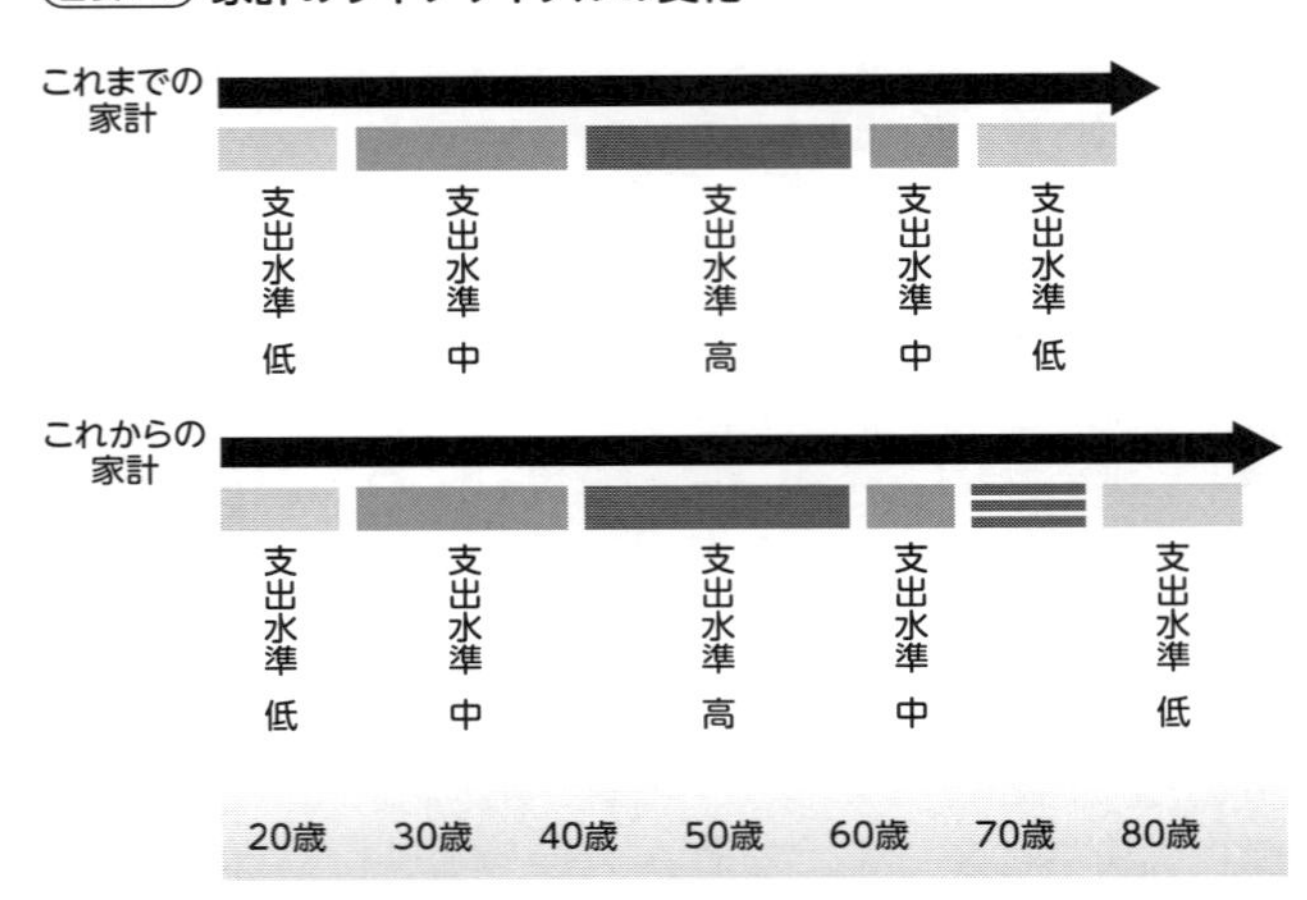

向上によって吸収していかなければならない。しかし、実際には、定年後の就業者が支える側にまで回らなくても、大半の人が定年後も無理なく働いてくれれば、財政的にも十分にやっていける。定年後から健康寿命までは無理なく仕事を続け、年金に頼らず自分でその支出を賄えるだけの収入を稼げば、日本の経済は十分に持続可能なのである。

定年後にたとえ多くなくとも自身ができる限りの仕事で一定の稼ぎを得ることが、個人の生活にとっても、社会にとってもいかに重要であるかということをここで強調しておきたい。

事実4　減少する退職金、増加する早期退職

長年勤めた企業で定年を迎えるとき、多くの企業で退職給付金を受け取れる。また、早期退職による割増退職金を給付する企業も増えている。ここでは、多くの企業で採用している退職給付制度をめぐる現状を確認する。

退職金にはもう頼れない

日本企業独特の慣行と言われる退職給付制度。厚生労働省「就労条件総合調査」によれば、2018年時点で同制度がある企業は80・5%、1000人以上の企業に限れば92・3%の企業が採用している。

退職給付制度は、退職時に一括していわゆる退職金を給付する退職一時金制度と、確定給付企業年金（DB）や確定拠出年金（DC）など退職後に年金の形で給付する退職年金制度で構成される。退職給付制度を持つ企業のうち退職一時金制度のみをもつ企業が73・3%、退職年金制度のみを有する企業が8・6%、両制度を併用している企業が18・1%ある。

図表1-7 **退職給付金額の推移**

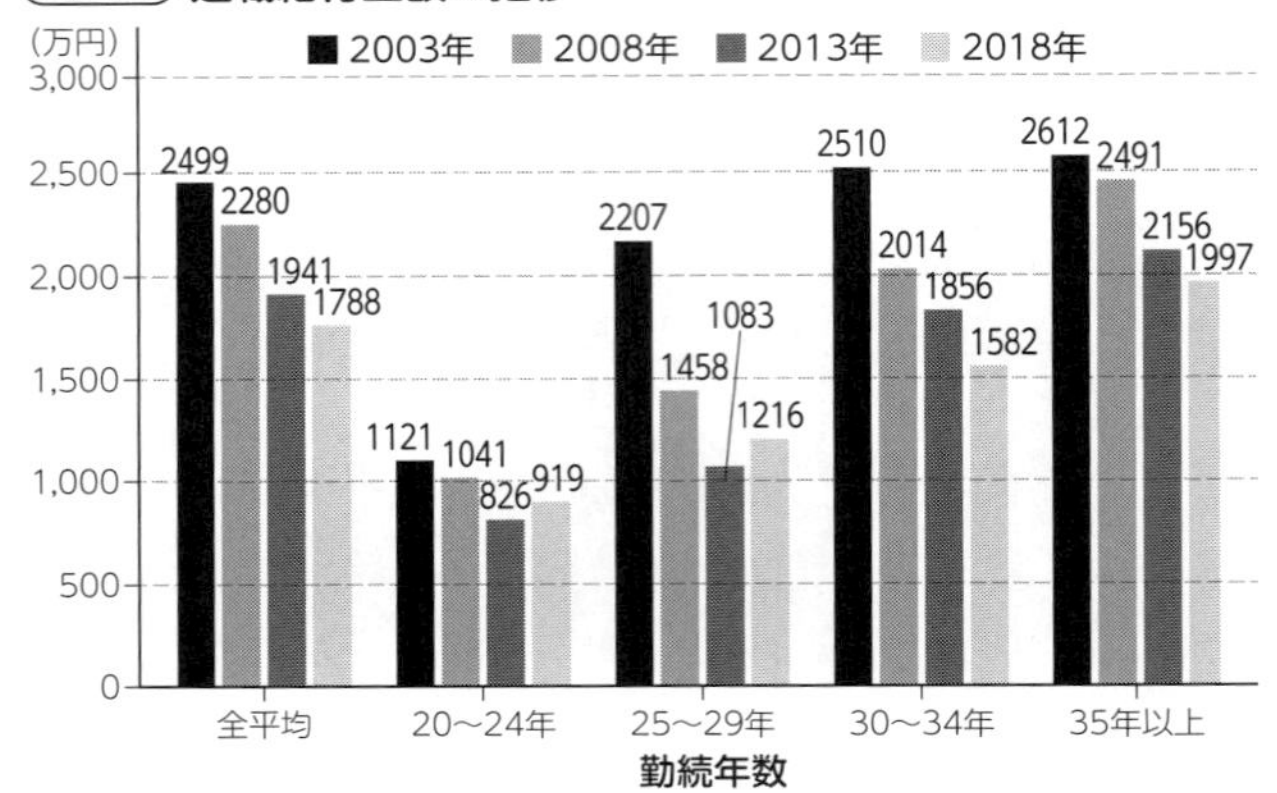

(注)調査対象企業は、2008年以降、「本社の常用労働者が30人以上の民営企業」から「常用労働者が30人以上の民営企業」に変更されている。

(出典)厚生労働省「就労条件総合調査」

同調査では、従業員一人当たりの平均退職給付金額を集計している。それによれば、２００３年に２４９９万円あった退職給付金額は、２０１８年には１７８８万円と、近年急速に減少している（**図表１－７**）。退職金額が減少している背景には、バブル崩壊以降の低金利によって退職積立金が減少していること、などが影響している。

近年、退職金制度を取り巻く状況は大きく変わっている。日本企業では歴史的に給付額が約束されている退職金のみを支払う企業がほとんどであったが、バブル崩壊による低金利などを背景に前払い賃金の性格が強い確定拠出年金への移行が進んでいる。

65歳までの雇用義務化による影響も大きい。企業としては、定年以降も生じる再雇用における人件費の補塡のため、退職金を縮小させている側面もあるのだと考えられる。

過去、退職金制度は、従業員の老後の生活の安定を図るとともに、後払い賃金の性格を有し、長期雇用を促進して従業員を自社につなぎとめておく役割があった。経済が右肩上がりで成長していた時代には従業員にとっても企業にとってもそのメリットは大きかったが、国とともに高齢化する日本企業において、長期雇用を推奨する退職金制度はもはや時代にそぐわないものとなってきている。今後も各企業において退職金制度の縮減・廃止は長期的な趨勢として進んでいくだろう。

増える早期退職

一方で、退職金額の推移をみると、2013年から2018年までの間、勤続年数が20~24年では826万円から919万円に、25~29年では1083万円から1216万円と、比較的短い期間の勤続年数の社員の退職金が増えている。これは企業が早期退職による退職金額を相対的に増加させているからだとみられる。

過去、リーマンショックによる景況感の悪化に応じて、多くの企業で早期退職が行われたのと同様に、近年、コロナ禍における業況悪化に伴い、早期退職が増える傾向が見て取

図表1-8 **早期退職の実施企業数と実施人数**

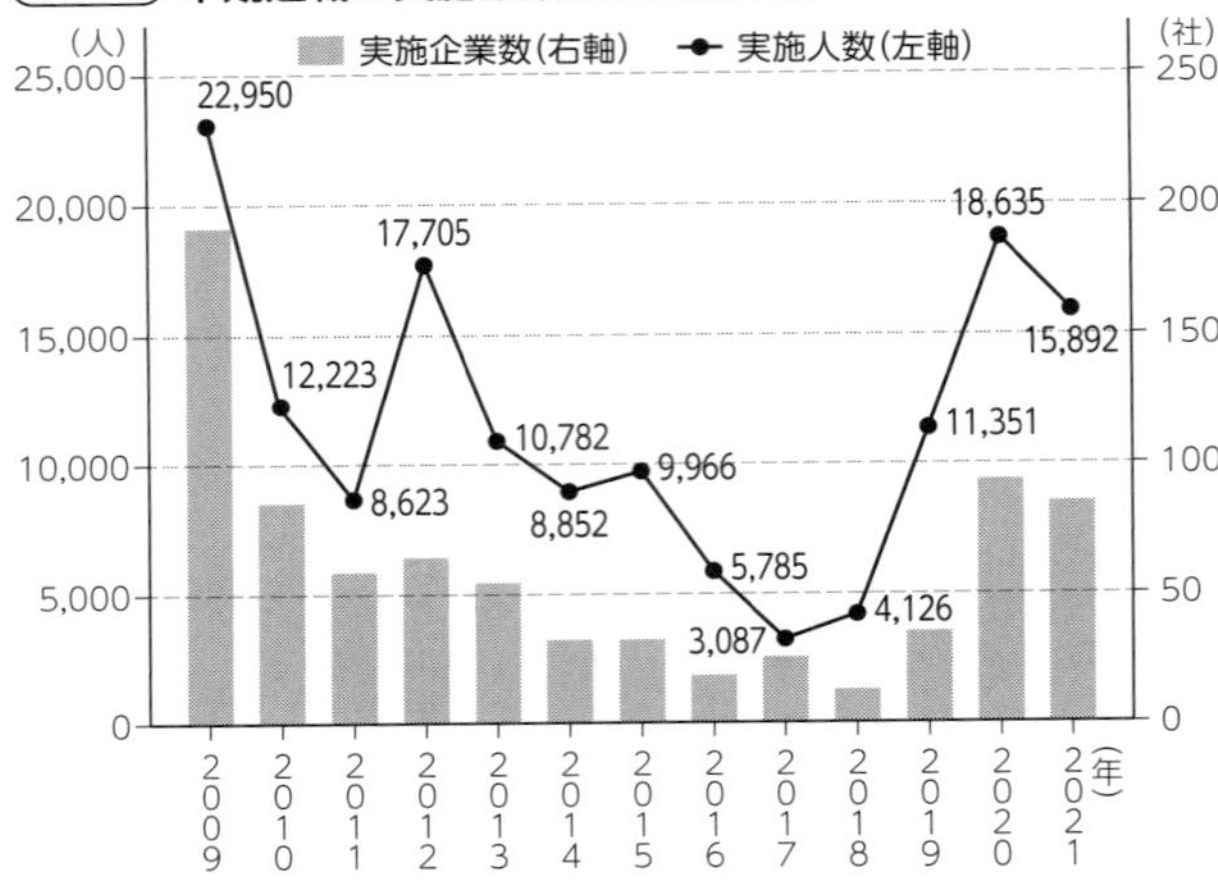

(出典)東京商工リサーチ

れる（**図表1－8**）。

また、早期退職実施企業数の増加はコロナ禍の影響も大きいものの、黒字であっても早期退職制度の導入に乗り出す企業が増えていることも昨今の特徴としてあげられる。2021年に早期退職勧奨の実施が報道された企業をみると、ホンダ、パナソニック、フジテレビ、JT、博報堂などがあるが、これらの企業は必ずしも経営危機の状態にあるわけではない。それでもなおこれらの企業が早期退職勧奨の実施を決めた要因として、社内の人口構成の偏りを解消するためと説明されているケースが散見される。また、デジタル化の進展によって中高年社員のスキルが陳腐化しているからといった、ビジネス環境の激変を理由としている企業も多い。

人口構成の均衡の確保という意味では、早期退職勧奨の流行の裏には高年齢者雇用の負担感の強まりも影響していると考えられる。60歳で定年を迎える時代であれば、50代中盤の社員の残りの会社員人生はわずか5年であったから、財務に余力がある企業であれば、わざわざ早期退職を募る必要はなかった。しかし、将来的には70歳までの雇用が企業責務となると予想されるなか、高年齢者雇用の人件費負担は企業に重くのしかかっているのである。

近年広がりを見せている早期退職制度であるが、一従業員としてはこうした動きをどう受け止めればよいだろうか。

個人側として重要なのは、このような企業側の対応について感情的に向き合うのではなく、様々な選択肢のうちの一つとして戦略性をもって対応するということだと考えられる。つまり、このまま現在の企業で勤め続けた場合に受け取れる賃金及び退職金額と、早期退職制度に応じた場合に受け取れる割増退職金と転職後の賃金を比較衡量の上で冷静に考えることが必要とされているということである。

とかく否定的に報道されがちな早期退職制度ではあるが、当然に、企業側としては雇用契約の合意解約を前提としなければならないことは言うまでもない。つまり、企業側と労働者側の両者の合意があって初めて雇用契約が解消されるのであって、企業側は従業員に対して退職を強要することはできない。

過去に一部の企業で行われた追い出し部屋への誘導や、ブラック企業で蔓延している不当解雇などコンプライアンスに反する行いをどう是正していくかは、また一つの問題として憂慮すべき重要な課題である。ただ、こうした対応を行う企業を除けば、あくまで早期退職制度の適用は従業員の自由な選択に委ねられている以上、労働者としては応じるか応じないかの損得をあくまで慎重に判断することになるだろう。

確定給付型の退職金から確定拠出年金へ

さらに、定年後の生活のやりくりのために、今後の潮流としてますます個人の自助努力が求められるようになることは避けられない。

先ほどの退職給付制度の内訳をみると、退職一時金の給付、確定給付企業年金など将来の給付を約束する形での企業年金が縮減されているなか、確定拠出年金は現在もなお普及が進んでいるところである。

確定給付企業年金と確定拠出型の給付ではその役割は大きく異なる。前者では将来の退職時の給付が企業の責任となる一方、後者では企業はその時々に拠出金の拠出さえ行えばよく、その後の運用は従業員の責任となる。また、社員が転職した場合も確定給付型の退職金であればその都度精算され勤続年数に応じた積算が解消してしまうが、確定拠出年金であれば退職後もその額を引き継げることから一つの会社での長期雇用のインセンティブが発生しない。

確定拠出年金制度は近年大きな改正が行われている。個人型確定拠出年金（通称 iDeCo）の加入者範囲の拡大や、税制上の優遇措置の拡大など、制度面の拡充が急速に進んでいる。企業が退職金制度を設けていない場合や、自営業者などの場合でも、個人型の確定拠出年金によって将来の給付の受け取りが可能だ。政府としても厳しい財政事情のなか、公的年金に頼るよりも、個々人に自身の責任のもとで将来の年金を確保してもらう方向に軸足を移しているのである。

政府としては、税制上の優遇措置を設けることによる税収減の犠牲を払ってでも、老後の生活を自身の力で賄ってほしいということに力点を置いているということなのだろう。逆に言えば、これらの制度はそれだけ利用者にとってもメリットが大きいものになっている。こうした選択肢のなかで個々人が老後の生活に必要な費用を自身で考え積み立てていくことが必要な時代になってきているということである。

事実5　純貯蓄の中央値は1500万円

定年後の家計は意外と慎ましいものであり、定年後の仕事で小さく稼ぎ続けることができれば生活に困窮することはない。その一方で、歳を取れば誰しもが健康に働けなくなる時期が訪れるのだから、そのときに備えて十分な資産を形成しておくことも大切である。人生の最終期に向けて人々はどのくらいの貯蓄をしているのか――その実態を探る。

60代の純貯蓄は、平均2000万円、中央値1500万円

図表1－9は、2019年における二人以上世帯の純貯蓄額（貯蓄から負債を引いた額）の平均値と、その内訳を取ったものである。年齢階層別に貯蓄と負債の推移をみると、一般的な家計では20代から30代に負った借入金を徐々に返済し、高齢期に向けて貯蓄を増やすといった行動をとる。

負債の大半は住宅・土地に関するものである。住宅・土地に関する負債の額は30代の平均値で1337万円。これは住宅を購入していない人や親から贈与を受けた人なども含まれた数値であり、実際に住宅ローンを組んだ人に限れば負債額はさらに大きい額になると

図表1-9 純貯蓄額の平均値と内訳

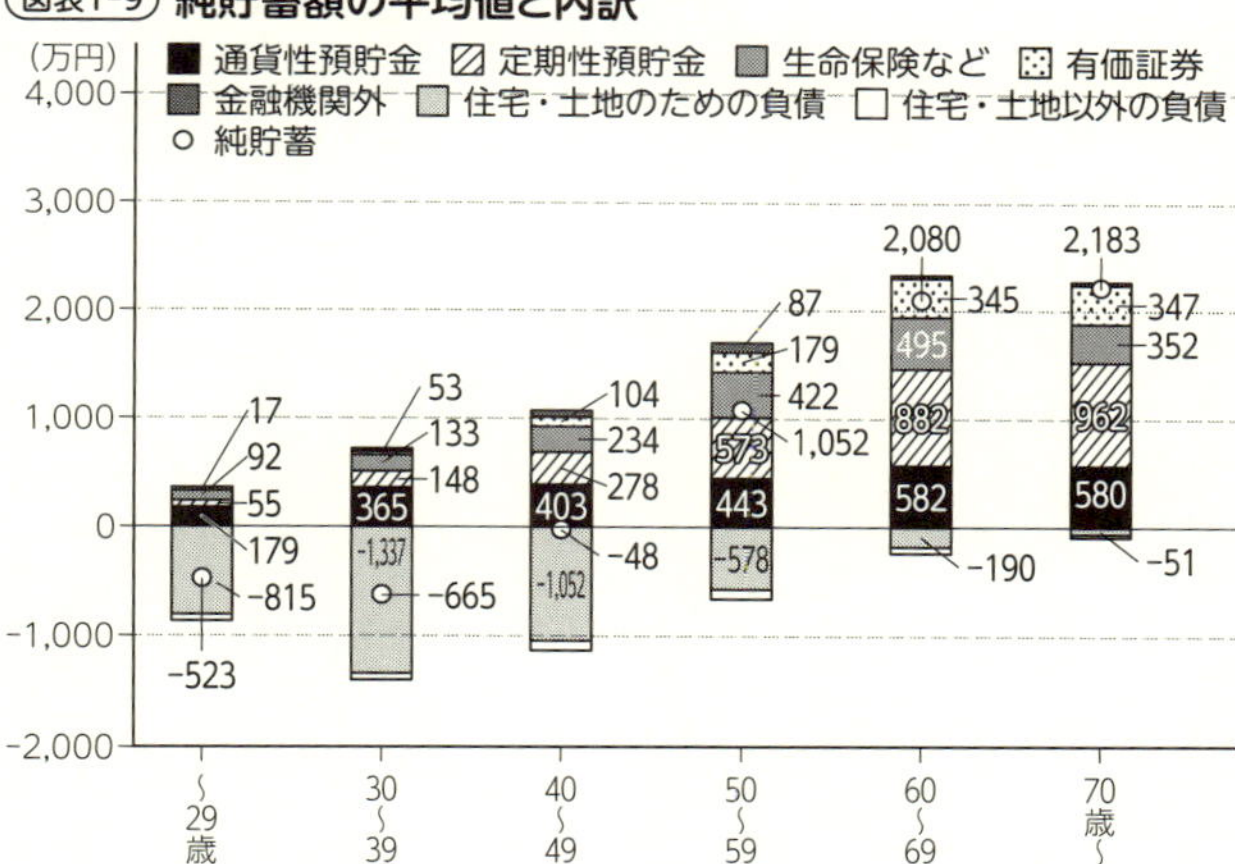

(注)2019年の値

(出典)総務省「家計調査」

考えられる。

負債額は年齢を重ねるごとに縮小していく。40代では１０５２万円、50代に５７８万円、60代には１９０万円まで減少し、定年後にはほとんどの家計が住宅・土地に関する負債を完済することになる。

純貯蓄額は年齢を重ねるごとに増える。年齢階層別の純貯蓄額の推移をみると、30代で６６５万円の負債超過であったものが、40代で負債超過の額は48万円と貯蓄と負債がほぼ均衡、その後は50代で１０５２万円、60代に２０８０万円まで純貯蓄が増える。家計調査においては、住宅資産を貯蓄として計上していないが、当然、住宅資産も売却すれば一定の価値を生むことになる。このデータには計上されていないが、これとは別に長期にわたる住宅ローンの支払いも家計の資産構築に寄与していることになる。

貯蓄の内訳をみていくと、60代では出し入れ自由な「通貨性預貯金」（582万円）と預け入れ期間に定めのある「定期性預貯金」（882万円）で約6割、家計の資産には流動性の高いものが多く含まれている。それに加えて、生命保険などが495万円、有価証券が345万円という構成となる。金融広報中央委員会「家計の金融行動に関する世論調査」では、家計の資産の状況をより詳細に捕捉しているが、2020年度の調査において、60代の金融資産の平均額は2154万円、中央値は1465万円と、概ね家計調査と整合的な結果となっている。なお、貯蓄の額については、一部の資産家の数値が平均値を大きく引き上げる傾向があるため、平均値と中央値には大きな乖離が生じる。平均的な60代の家計が有する資産は、中央値の1500万円程度だと考えられる。

金融広報中央委員会の調査から60代の金融資産の平均額の内訳をより詳しくみていくと、定期性預貯金を含む預貯金が1184万円で、そのほかの金融資産については金額の多い項目順に、生命保険（353万円）、株式（178万円）、個人年金保険（165万円）、投資信託（118万円）となる。近年、中央銀行による大規模金融緩和などによって資産価格が高止まりしているが、一部の富裕層を除く平均的な家計では、株式や投資信託など資産価格の変動に直接の影響を受ける金融資産は少ない。預貯金などを通じた慎重な運用を心掛けていることがうかがえる。

資産形成に満足できるまで、人は働き続ける

先の数値は、一時点における各世代の貯蓄額の平均値である。これがすなわち各家計の生涯を通じた貯蓄の増減を表しているとは限らない。特に資産の多寡は生涯の給与の積み重ねでもある。このため、現在の高齢世代と現役世代の世代間の違いを無視することはできない。現在70代以上の世代はバブル経済を経験した世代でもあるから、そもそもとしてその下の世代より裕福な傾向があるとも考えられる。

年齢による効果と世代による効果の違いを検証するため、60代世帯の長期的な純貯蓄額の分布の変化を取ったものが**図表1-10**である。

貯蓄額の分布は長期的に驚くほど安定している。60代の上位20％世帯の純貯蓄額は3000万円台半ばである。上位40％世帯は2000万円、下位40％世帯が1000万円、下位20％世帯が300万円程度の額となっており、いずれの年度においても、純貯蓄額はほぼ一定で推移している。

ここ数十年で、退職金の減少や中高年の賃金水準の低迷、年金の支給開始年齢の引き上

図表1-10 純貯蓄額の分布の推移

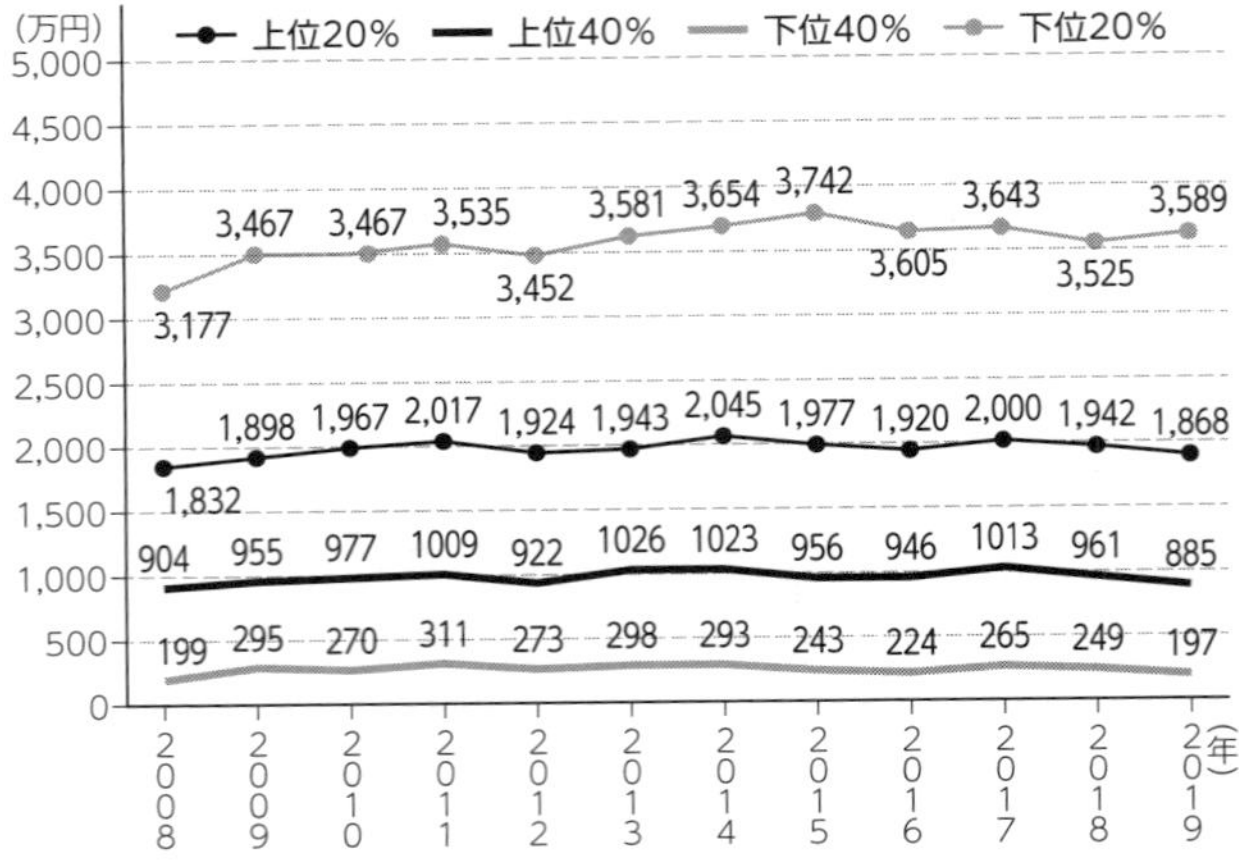

(出典)総務省「家計調査」

げなど家計にとっては厳しい状況が続いている。にもかかわらず、多くの人の高齢期の資産水準はそれほど変わっていない。これは、近年急速に進んでいる女性の労働市場への進出や高齢期の労働参加によって家計収入を増やし、年金の受給開始年齢の引き上げなどの負の影響を相殺しているからだと考えられる。

逆に言えば、経済状況が厳しくなれば、個々の家計は資産を維持するためにも働ける限りは働くという選択をするのである。家計経済と就業の意思決定は密接に関わりあっていて、近年の家計経済の変化が生涯現役の流れを形成しているものと考えられるのである。

こうしたなかで、世の中の多くの人が関

心を持つのは、一体どの程度の資産を持てば高齢期に安心した暮らしができるかということである。**図表1－5**で示した無職世帯の家計収支の差額をみる限り、70歳以降で見ると、70代前半で5・0万円の赤字、70代後半で3・3万円の赤字であり、たとえば90歳で死亡すると仮定したとしても、累計の赤字額はそこまで大きくはならない。

当然、高齢期の生活は人によって大きなばらつきがある。比較的早期に亡くなる人もいれば、高齢期に大きな病気にかかり要介護状態となってしまうことで、施設への長期にわたる入所が必須となる場合もある。こうした様々なリスクすべてに完全に対応することは現実的には不可能である。しかし、高齢期に臨時的に必要となる支出も踏まえ、70歳を超える程度まで無理なく働いて残りの20年程度を働かずに過ごすと想定したときには、平均的な年金給付額に概ね1000万円程度の貯蓄があれば、統計上は現在の高齢世帯が送る平均的な暮らしが実現できると考えられる。

もちろん、60代時点で数千万円の貯蓄を有している人も少なくない。多額の資産があれば、老後の支出も高い水準を維持することができる。ただ、資産額が多い人は特に、死亡するまでにその貯蓄の全額を使い切れているかといえばおそらくそうではないのではないか。先の図表にもある通り、70代以上世帯の貯蓄額は60代世帯の貯蓄額とあまり変わらない。統計データでみると、現実的には高齢期にはそこまで貯蓄は急激に減ってはいかないのだと推察される。最終的に各世帯が死亡時にどのくらいの資産を残しているのかについて信頼できる統計データは少ないが、多くの世帯がそれなりの資産を残して人生を終えるのだと考えられる。

こうしたデータから定年後の就労に関する行動メカニズムを推察すると、まず貯蓄に関する実際の基準は人によって様々なのだと考えられる。リスク回避的な人、もともとの消費水準が高くて老後の消費水準も高いレベルを期待する人などは、老後に備えて多額の貯蓄を形成したいと考えるだろう。逆に、リスク愛好的な人、消費水準がそこまで高くない人などは、ある程度のレベルの貯蓄額で満足をする。

結果的には、個々の基準に即して、自身が十分に安心できる貯蓄水準に到達してから引退するという形で、高齢期の就労の意思決定がなされているのだと考えられる。本来は「老後は2000万円の貯蓄が必要だ」などと言うことができればそれが最もわかりやすいが、厳密にいえば消費水準は人によって大きく異なり、貯蓄がこれだけあれば必ず大丈夫だという基準があるものではない。

実際の個人の行動をみていると、個々人の事情に応じて、これだけは貯めておきたいと考える漠然とした貯蓄水準があって、そこまでは働き続けるという考え方が実態に近い。高齢期の就業率は近年大幅に上昇しているが、これは寿命の延伸や賃金、退職金、年金など個々人の経済環境が厳しくなっていくなかで、高齢期の資産形成のために定年後も長く働き続ける人が増加したのだと解釈することができるのである。

事実6　70歳男性就業率45・7％、働くことは「当たり前」

「人生100年時代」と言われる現代。実際に高齢期の就業率は急速に上昇している。日本ではいつから定年後も働く時代に突入したのだろうか。就業率の推移を確認することでその背景を分析し、過去から現代に至るまでの働き続けることがますます「当たり前」になる将来について展望する。

2000年代以降、就業率は反転上昇へ

総務省「国勢調査」を利用し、60歳、65歳、70歳、75歳時点の就業率の推移を追ったものが**図表1－11**となる。

1980年からの就業率の推移をみると、就業延長が進んだのは実はここ十数年のことである。男性の60歳時点就業率をみると、1980年には79・8％であったが、2000年には70・0％まで落ち込む。しかし、2010年には74・4％と10年間で4・4％ポイント上昇し、2010年以降はさらに上昇率が高まり2020年時点では78・9％にまで達している。65歳時点就業率も傾向は概ね同様である。2000年までは就業率が低下し

図表1-11　性・年齢階層別の就業率の推移

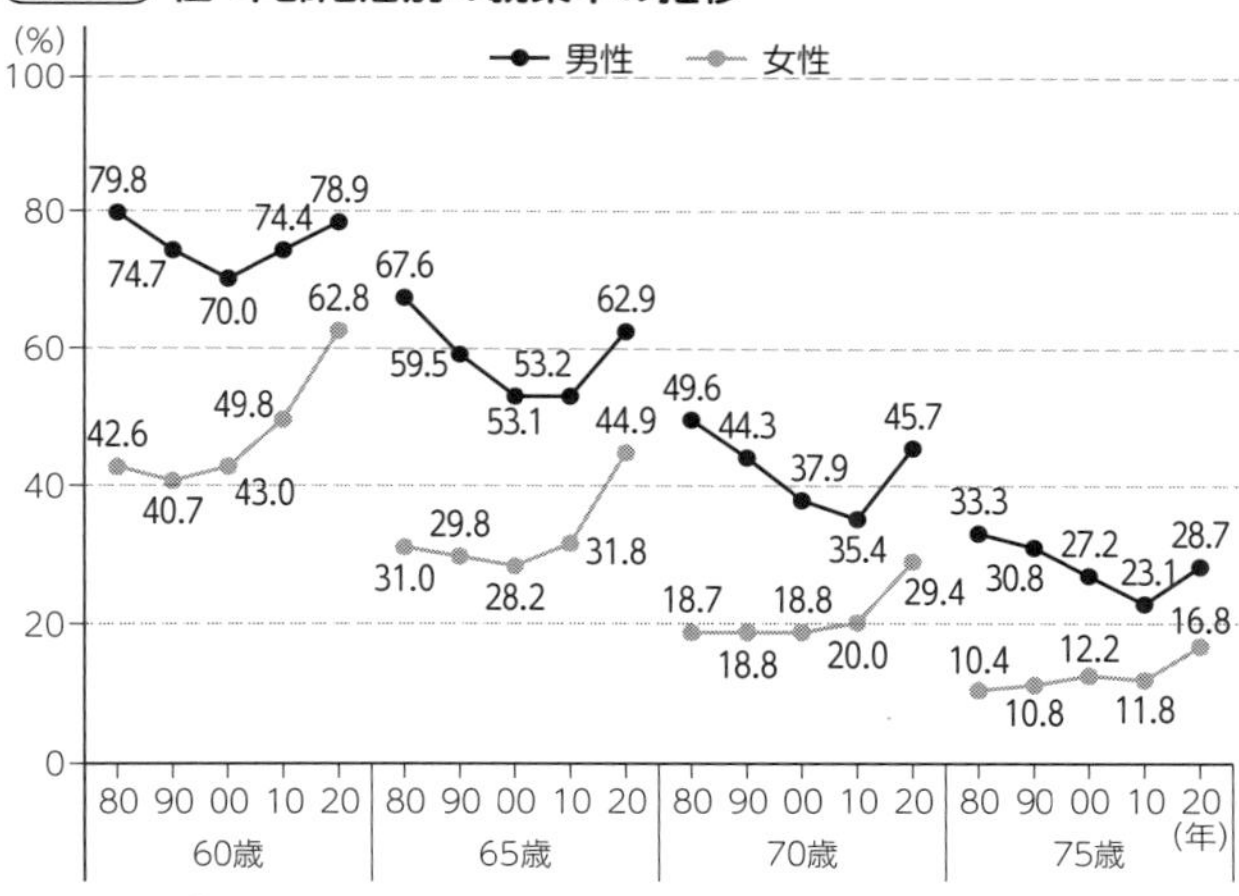

（出典）総務省「国勢調査」

ているが、その後反転し、2010年以降急速に就業率が高まっている。

そのほかの性・年齢階層においても、若干の違いはあるものの、おおよそ2000年から2010年までの間に就業率は底を打ち、そこから2020年に向けて急速に上昇基調に転換している。つまり、定年後も働き続けるという潮流が高まったのは2000年代以降のことであり、特にこの10年でその流れは決定的になったのだといえる。

それにしても、なぜ2000年代が定年後も働く時代への転換点になったのだろうか。

仕事への捉え方は人それぞれ異なり、日々の生活費を賄うことを主眼として仕事をする人もいれば、働くことが好きで経済的な事由にかかわらず働きたいという人もいる。２０００年代以降に、高齢期の就業率が高まった背景を振り返ると、そこにはやはり経済的な要因が少なからぬ影響を与えていると考えるのが自然である。

過去、日本経済が右肩上がりで成長していた時代においては、誰しも若い頃より中高年のときのほうが高い給与を得ることができたし、生活水準も日々向上していた。もちろん、自営業者の長期的な減少なども就業率低下の一因であったとみられるが、より本質的には、現役時代の賃金水準が向上して生活が豊かになれば、高齢期に無理をしてでも働く必要はなくなる。これが戦後から日本経済がバブル経済に沸いた20世紀末頃までの大きな流れであったと考えられる。この間も出生率の低下による人口動態の高齢化や平均寿命の延伸は着実に進行していたのだが、それを上回る速度で経済が成長していたから、高齢期の就業率が低下していたのである。

ところが、バブル経済の崩壊以降、人々の生活水準向上の歩みは遅々として進まなくなってしまう。経済成長率の鈍化や人口の高齢化によって、中高年の賃金や定年後の退職金は減少し、政府の厳しい財政状況から厚生年金の支給開始年齢引き上げなどによる公的年金の給付水準の引き下げも進んだ。

こうしたなか、寿命の延伸によって増加する老後生活費の原資を高齢期の就労なしに獲得することは難しくなってきている。昨今の経済的な事情が、働き続けることを選択する人が増加していることの主因になっているとみられる。

雇用制度も働き続けることを促す方向に変わる

定年後も働くことが当たり前になってきているのは、少子高齢化で財政状況がひっ迫するなか、国が働き続けることを促す方向へと政策を転換していることも影響している。

２０２１年4月に施行された高年齢者雇用安定法では、現状義務化されている65歳までの雇用確保に加え、65歳から70歳までの就業機会を確保するための高年齢者就業確保措置が企業の努力義務とされた。ここでは雇用の提供というこれまでの選択肢に加え、70歳まで継続的に業務委託契約を締結する制度の創設などの選択肢も提示されている。同改正法は、雇用であれ、業務委託であれ、70歳までの従業員の生活を保障してほしいという政府から企業への要請となっている。

70歳までの雇用は現状では努力義務とされており、その採否は企業に委ねられているが、政府としては年金財政の持続可能性確保のためにも将来的にこれを義務化する方向で考えていることは間違いない。

ただし、これまでの高齢法の経緯を考えると、すぐに義務化というわけにはいかないだろう。現在の65歳までの雇用確保措置が義務化されたのは2013年であるが、65歳までの雇用が努力義務化されたのは1990年であり、完全義務化まで20年超の期間を要しているからである。

企業とすれば、すべての高齢者が企業内で高いパフォーマンスを発揮してくれるのであれば、雇用制度の如何を問わずいつまでも雇用を提供しようと考えるだろうが、現実にはそうはいかない。そもそも企業からすれば企業活動への政府の規制は極力避けたいと考えるのが道理であり、従業員が生み出す成果の高低にかかわらず、雇用延長の希望がある従業員全員を70歳まで必ず雇用するというのは、総人件費の管理という観点からも難しいだろう。こうした事情から、高年齢者の雇用延長施策は、政府としても使用者側との調整が難しく、政治的なハードルが高い。雇用延長の施策は今後地ならしをしながら緩やかに一歩一歩進めていくことになるはずである。

年金水準の切り下げは今後も進むが、緩やかなものにとどまる

就業年数の延長は年金の動向とも密接に関係している。厚生労働省が毎年発表しているモデル世帯の年金給付額は、過去から現在に至るまで緩やかに減少している（**図表1-12**）。

図表1-12 厚生年金保険新規裁定者の支給月額(モデル世帯)

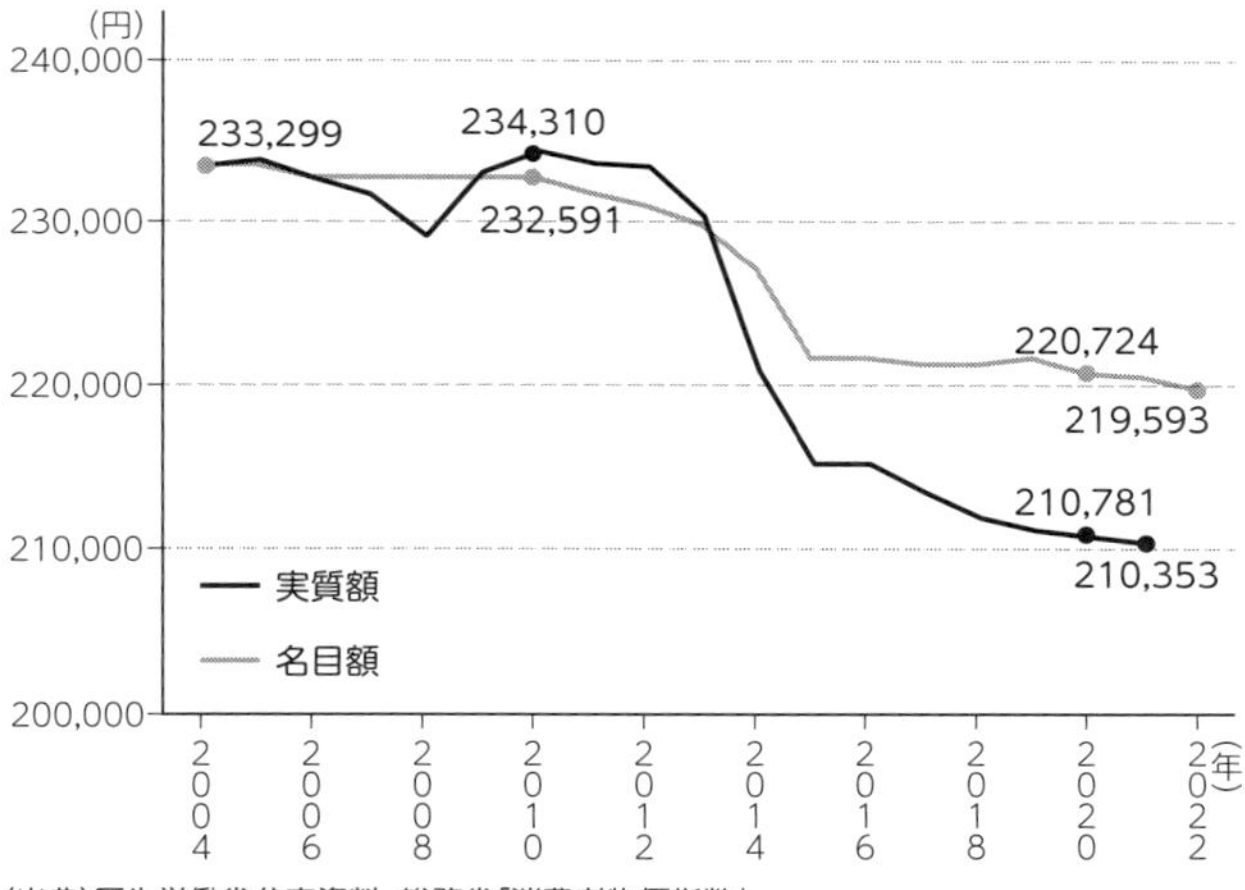

(出典)厚生労働省公表資料、総務省「消費者物価指数」

少子高齢化によって日本財政がひっ迫するなか、将来の世代が過去の世代が給付されてきた高額な年金を受け取ることは、もはや不可能に等しい。

これまで行われてきた厚生年金の支給開始年齢引き上げの影響も大きい。過去は60歳時点で受け取れた厚生年金保険であるが、男性受給者については、2022年時点において定額部分が65歳から、報酬比例部分は64歳からの支給となっている。報酬比例部分の支給開始年齢は現在引き上げの最中であり、男性は2025年、女性は2030年をもって65歳で統一される。

こうしたなか、自分が定年を迎える頃には、年金はいつまでたってももらえなくなっているのではないかという懸念を聞くことがある。しかし、そのような不安は現実とは異なるだろう。

現在なおも進む厚生年金保険の支給開始年齢の引き上げであるが、そもそもこれが法令上定まったのはいつかをみると、定額部分については1994年の年金法改正、報酬比例部分については2000年の改正法で制度の改正が行われた結果として、現在の年齢での支給が決まっている。改正法の成立から、支給開始年齢の65歳まで完全に引き上げるまでには、実に30年近くもの経過措置が設けられていたのである。

これとは別に、同改正法が成立に至るまでも、年金の支給開始年齢引き上げを今やるべきかどうかの議論が長期にわたってなされている。高年齢者の雇用確保措置と同様に、厚生年金の支給開始年齢を60歳から65歳まで引き上げるためにも、過去30年以上もの長い年月を要しているのである（**図表1－13**）。

今後、我が国の高齢化がますます深刻化するなか、公的年金の支給開始年齢のさらなる引き上げは、年金財政の持続可能性を保つためには避けられない。しかし、年金制度のような国の根幹を担う制度について、入念な環境整備なしに即座に変更を加えることは現実的ではない。

こうした政策は、政府が長い期間をかけて世の中に対して入念な説明を行い、現下の経済財政事情を踏まえればやむを得ないものである、と多くの人が納得をして初めて実施さ

図表1-13 **高年齢者雇用安定法と厚生年金保険法の変遷**

	高年齢者雇用安定法	厚生年金保険法
1986年	60歳以上定年が努力義務化	—
1990年	65歳までの継続雇用が努力義務化	—
1994年	60歳以上定年が義務化	老齢厚生年金(定額部分)の支給開始年齢を65歳まで引き上げ(2013年までの段階的適用)
2000年	継続雇用に関する努力義務を雇用確保措置に関する努力義務に変更	老齢厚生年金(報酬比例部分)の支給開始年齢を65歳まで引き上げ(2025年までの段階的適用)
2006年	65歳までの雇用確保措置が原則義務化	—
2013年	65歳までの雇用確保措置が義務化	—

れるものである。そう考えれば、良くも悪くも、10年や20年というタイムスパンで公的年金の支給開始年齢が70歳まで完全に引き上げられるという未来像は、現実的には実現しないと考えてもよいのではないか。

いずれにせよ、少子高齢化のなかで、定年後も働き続ける人が今後も時間をかけながら徐々に増え続けていくのは確実である。そして、平均的な労働者が直面する将来における選択肢は、もはや定年後に働くかどうかという範疇にはなくなる。そうではなく、定年後に働くことは所与として、そうした状況下でどのように働くかを考える。こうした姿が多くの日本人が直面する現実になるだろう。

事実7　高齢化する企業、60代管理職はごく少数

働き続けることが常識に変わる現代において、定年後の就業者はどのように働くことになるか。多くの人は、定年を境として、長年勤めた会社に残り仕事を続けるか、それとも会社を出て新しい仕事を見つけるかを選択することになる。定年後に会社で働く人の処遇の変化を分析してみると、浮き彫りになるのは高齢社員に対する企業側のシビアなスタンスである。

60代管理職はほとんど存在しない

高齢期において、会社で働き続ける人の処遇はどうなるか。昨今、管理職になりたくないという人も増えてきているが、実際問題として自分自身にどのような役職を会社が用意してくれるかは、多くの人にとって大きな関心ごとになる。重要な役職を任せてくれるような企業であれば、人はその期待に報いるために熱意をもって仕事をする。一方で、いまの会社で相応の役職が期待できないようであれば、ほかに活躍の場を求めようとするのが自然である。

図表1-14 役職者の年齢分布

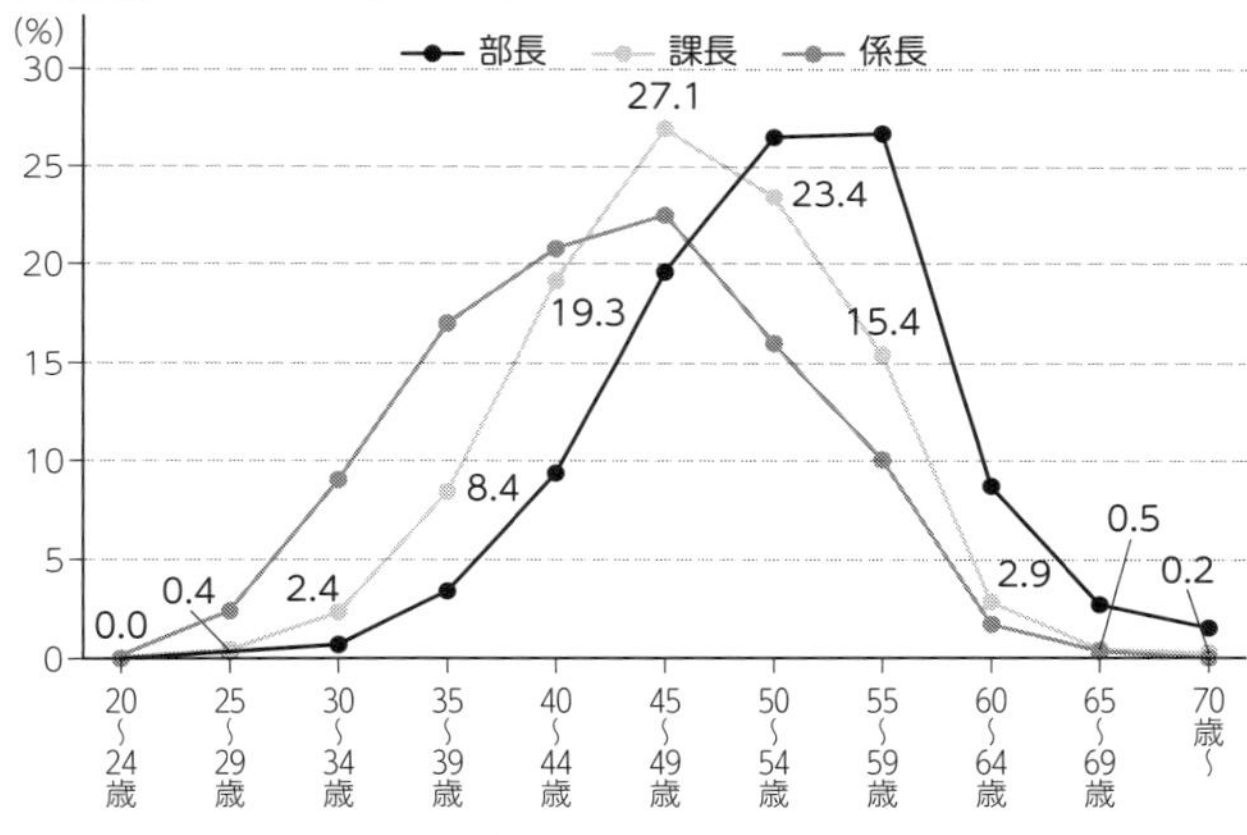

(注)2019年の値

(出典)厚生労働省「賃金構造基本統計調査」

厚生労働省「賃金構造基本統計調査」から、10人以上の企業について、部長相当職、課長相当職、係長相当職に就く人の年齢構成を取ったものが**図表1-14**である。なお、同調査では、役職のデータは雇用期間の定めがないものに限定して集計されている。このため、たとえば非常勤の担当部長といったような人たちは集計に含まれていないことには留意が必要である。

データをみると、大方の予想通り、大半の従業員が定年前後を境にして組織内における枢要(すうよう)な職位から降りることがわかる。

部長職については、30代後半から少しずつ在籍者が増え始め、若い人では40代前半から後半にかけてその職に就く。そして、部長職の構成比率は、50代前半で26・6

%、50代後半で26・9%と50代でピークを打った後は急速に減少し、60代前半には8・8%、60代後半には2・7%までその数を減らす。特に、大企業においては、部長職にまで上り詰めることができる人はごく一部である。そのごく一部の人も年齢を重ねるなかでいずれその役職を降りることを余儀なくされる。

課長職ではさらに状況は厳しい。課長職の年齢構成をみると、60代前半でその職に就く人の比率は2・9%、60代後半は0・5%となる。50代後半以降、多くの人は役職定年や定年を経験して役職をはく奪される。60歳を過ぎて、部下を多数有する常勤の役職者で居続けることは、多くの日本企業では不可能になっている。

現場で活躍し続けることが求められる時代に

それにしても、なぜ日本企業はその人の持つ能力の如何にかかわらず、ここまで厳格に年齢によって一律に役職を引き下げるのか。企業人事の視点に目を移せば、そこにはいくつかの事情が存在する。

日本企業が厳格な年齢管理を手放さないその理屈を追っていったとき、まず直面するのは、日本社会が少子高齢化に直面するなか、企業においても社内の年齢構成のバランスが崩れているという事実である。

図表1-15 **雇用者の年齢ピラミッドの変化**

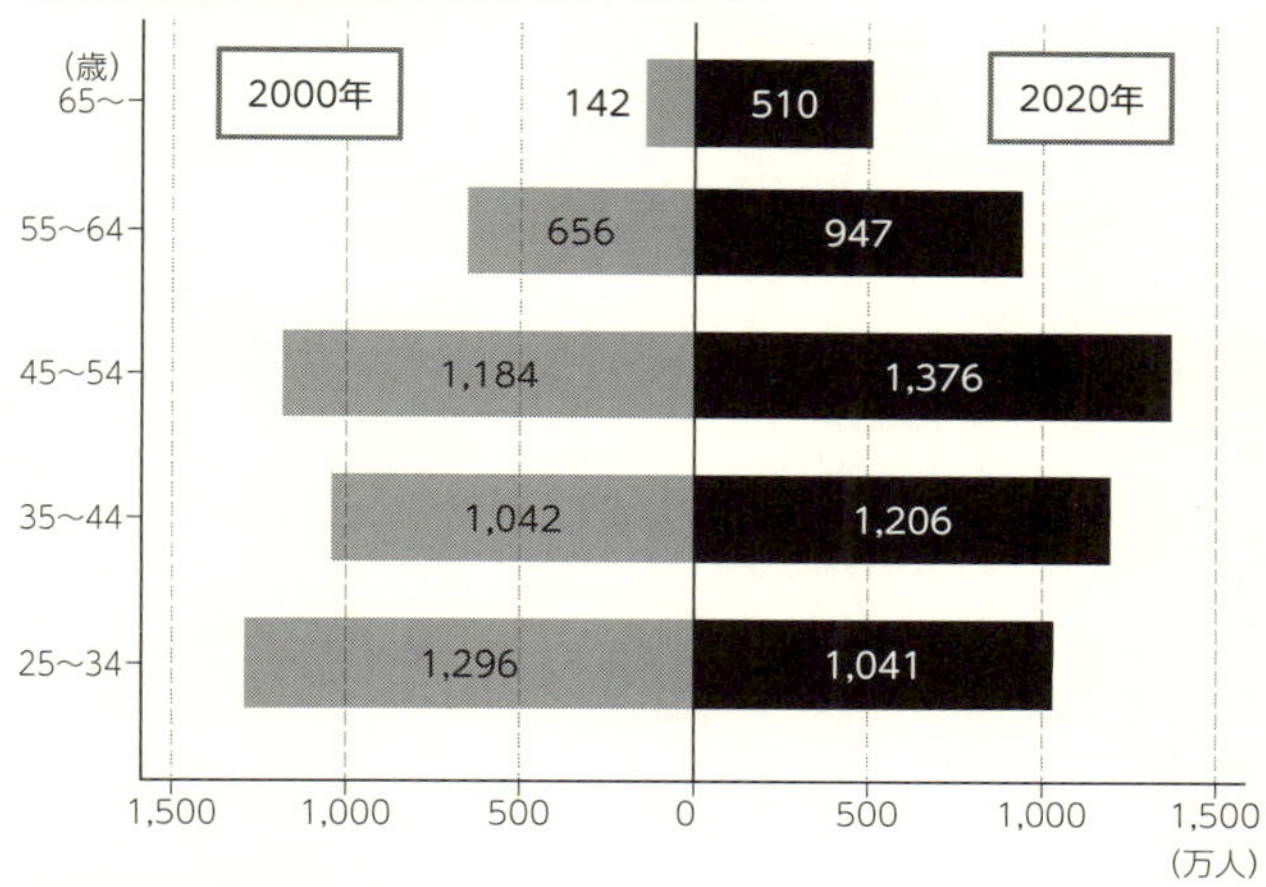

(出典)総務省「労働力調査」

総務省「労働力調査」から日本全体の雇用者の年齢分布をみると、ここ数十年で社内の年齢ピラミッドが大きく崩れている様子がうかがえる(**図表1-15**)。これは日本全体の雇用者数の総数であり、なかには創業が新しく若い人が多い企業なども存在するが、20代や30代の社員が減少して中高年が増えているという現象は、平均的な日本企業の多くが直面している課題となっている。

管理職とは、複数人の部下を管理するために就く仕事であるから、当然に少数精鋭でなければならない。しかし、多くの企業で中高年が急速に増えていくなかで、現場で顧客の最前線に立って成果を生み出すプレイヤーが不足し、管理だけを行う人材へのニーズが低下しているのである。そのギャップが多くの企業で顕在化しているのである。

年齢構成のひずみの拡大に応じて、企業としても役職適齢期を迎えている中堅層を十分に処遇しきれなくなっている。これまで企業のために尽くしてくれた従業員に対して職位で報いることができないということになれば、中堅層のモチベーション維持に困難が生じる。

定年前の中高年のモチベーションの低下が問題視されて久しい。しかしその一方で、近年では一社員として現場で利益を上げ続けられる社員であれば年齢にかかわらず確保したいというニーズも、企業内において急速に高まっている。

将来的に団塊ジュニア世代が定年を迎え、その多くが非戦力化してしまうようであれば事業の現場は成り立たなくなってしまう。企業としては、比較的年齢が若い社員の層が薄くなってきているなかで、非管理職として現場で活躍し続ける社員を増やしていかなければならなくなっているのである。

こうした現状を見てわかるのは、職業人生の最後の瞬間まで高い役職を維持し続けるのは困難であり、生涯現役時代においては、キャリアのどこかの段階でポストオフに直面することを、誰しもがキャリアの大前提として考えなければならないということである。役職に就きながらただ漫然と現場で利益を生み出す社員を傍観していれば許されるような働き方は、もはや通用しなくなるということだ。

早期に昇進をして重要な仕事を任されたいと思う若手にとっても、人員管理の根詰まりは強い閉塞感につながっている。若手の離職を防ぐ観点からも一プレイヤーとして中高年齢者に活躍してもらう重要性はますます高まっている。

日本企業で起きている多くの問題は、企業内の高齢化に端を発している。日本型雇用が現代社会の環境変化に対応できていないのである。年功序列や終身雇用といった日本型雇用は、企業内の人口ピラミッドが維持できている間はうまく機能していた。しかし、企業の年齢構成が過度に高齢化してしまったなかで、昇進、昇格で動機づけすることができない社員をどう活用するか。この問題に多くの企業は頭を悩ませている。

堅固な定年制度に隠れた企業の苦悩

若手、中堅層への処遇に困難を抱えるなか、多くの企業は高年齢者の処遇にも頭を悩ませている。

高齢法では現状65歳までの雇用を義務化しているが、そのメニューには再雇用など継続雇用制度の導入や定年延長のほか、定年制度そのものの廃止といった選択肢も含まれている。しかし、政府としても企業に定年制度自体の見直しを求めているが、遅々として進ん

図表1-16 **定年後の雇用制度**（企業規模別の割合）

企業規模	定年制がない	定年制がある					
		定年年齢が65歳以上	定年年齢が60歳以上64歳以下				そのほか（職種別定年など）
			勤務延長制度のみ	再雇用制度のみ	両制度併用	制度がない企業	
計	4.5	16.6	6.9	55.4	9.1	5.5	2.0
1,000人以上	0.7	6.1	1.4	76.2	5.4	2.1	8.1
300〜999人	0.3	8.8	4.1	70.5	7.7	2.8	5.8
100〜299人	2.0	11.9	5.3	66.3	9.3	2.7	2.7
30〜99人	5.8	19.0	7.7	50.5	9.1	6.4	1.4

（注）2017年の値
（出典）厚生労働省「就労条件総合調査」

でいない。

厚生労働省「就労条件総合調査」によると、２０２０年において、定年制がない企業は４・５％となっている（**図表１－16**）。一方で、定年年齢が65歳以上の企業は16・６％、そして再雇用制度もしくは勤務延長制度を導入する企業が計71・４％と、継続雇用が多数派を占めている。これは中小企業も含めた結果であり、企業規模１０００人以上の企業に絞ると定年制を廃止した企業は０・７％になる。事例としてほぼ皆無に近い。一方で、再雇用制度のみの企業は76・２％にも上り、ほとんどの大企業が実際に採用している施策はやはり再雇用制度の導入となる。

本来、企業内における出世争いは、その

人が持つ経験や能力など実力で競争するのが筋であり、年齢で区別するのはおかしい。しかし、なぜ現在の役職者はその役職に就くことができたのかを考えていくと、そこにも人事管理上の事情が確かに存在することがわかる。自分が役職に就けたのは実力があったからだという考え方も一面としては正しいが、人事管理上の視点から考えれば、その人が高位の役職に就けたのはまぎれもなく前任の役職者が後進に道を譲ってくれたからである。

過去から現在まで連綿とビジネスを行っている組織においては、結局役職というのは持ち回りでしかなく、それを自身の能力故なのだと考えるのであればそれは現実とは異なる。こうした組織の論理に理解を示せないのであれば、それこそ自分で起業するなりするしかないだろう。組織とは所詮個々人の自由にはいかないものである。

さらにいえば、多くの企業の給与管理にはいまだに生活給の意味合いが強く残されている。先述の通り、社会人になって以降家計支出は増え続け、そのピークを迎えるのは40代から50代となる。従業員のこれまでの会社への貢献に応じる形で、そうした時期を迎えている従業員に組織の重要な役職を任せ、彼らに目いっぱいの仕事をしてもらうというのが日本型雇用のモデルである。

米国の労働市場などを年齢差別のないすばらしいものだと評する向きもあるが、これは競争原理の下でパフォーマンスが伴わなければいつでも解雇可能であることの裏返しでもある。結局、どのような雇用システムを志向するかは一長一短であり、能力や成果にかかわらず本人の自由意思で高い役職を得ながらいつまでも働き続けられる企業は、どこの国にも存在しないだろう。

定年後の長い延長戦をどう過ごすか

今後、企業における雇用システムはどのようなものになっていくだろうか。

おそらく、しばらくは日本型雇用の仕組みを基礎としながらも、その仕組みの修正を長い年月をかけて緩やかに進めていくといったシナリオになるのだろうと考えられる。

その背景としては、第一に、仮に年功序列などの仕組みを廃し、実力主義やジョブ型雇用を徹底することが理論的に好ましいという結論を得たとしても、企業が行動を変えるのはそう容易ではないからである。

一企業の雇用システムを変えようとしたとき、政治的にそれが実現できるかといった問題がある。実力主義の会社にしようと経営陣が提案したとしても、それによって損をする従業員が多く発生してしまう場合には、労働組合は反発するだろう。全社的な合意を得たうえで、雇用制度を変えていこうとするプロセスには多くの困難が生じることが予想される。

また、移行を一気に進めた場合に生じる弊害にも目配りする必要がある。人事制度の急激な変化によって、若い頃は年功序列で我慢を強いられてきたにもかかわらず、中高年になってその恩恵に浴することができない世代が必ず発生してしまう。制度の移行によって損をする世代を時代の犠牲者だとして割り切ることは、良いか悪いかは別として、多くの企業にとっては実際問題として難しいだろう。

1990年代から2000年代にかけて模索された成果主義も日本企業には十分に定着しなかった。成果を出し続けなければならないという精神的な負荷の高まりや、他者との協調を図る組織風土の劣化など、実際に導入してみると多くの企業でその弊害が目立ち、成果主義は日本の雇用のあり方を抜本的に変えるまでには至っていない。日本企業の年次管理の対案として提案されることが多い成果主義や能力主義であるが、こうした仕組みもそもそも万能ではない。

問題の根幹は、評価にある。企業において能力・成果が高いのはどの従業員でそうでないのはどの従業員か、明確な線引きをすることは現実問題として難しい。降格をいかにして納得してもらうのかも大きな問題である。職位が下がるのはあなたの能力や成果が低下したからだという説明を、人事や上位者が一人ひとりに説得力を持って行うことができるのか。年次管理を廃し実力主義を徹底すれば、自身の処遇に疑問を感じモチベーションを落としてしまう社員がますます増える可能性もある。

こうした成果主義や能力主義が生み出す現実的な問題を踏まえると、良くも悪くも多くの企業は今後も緩やかに年次管理を続けていくことになるのではないか。そのようななかで、継続雇用下においても成果に基づいて賃金も少しずつ弾力的に運用していくという方向が、多くの企業人事が取りうる現実的な解になるだろう。

仮に継続雇用が70歳まで延ばされるようなことになれば、定年後の延長戦は実に10年もの長期にわたる。定年後の10年近い延長戦をどう過ごせばよいか、多くの人がそれに悩むことになる。70歳ならまだしも、将来は75歳、80歳とさらに延びていくのか。生涯現役時代における終わらないキャリア。企業人事も、働く人たちも、迫りくる現実への動揺を隠すことはできない。

事実8　多数派を占める非正規とフリーランス

定年を境に人々は長年勤めた企業での役職を解かれ、第二の道へと踏み出すことになる。多くの人にとって現実的に取りうる選択肢は、まずは再雇用を受け入れるかどうかということになる。そうしたなか、長く会社に雇われる働き方をしてきた人にとっては想像しにくいが、雇用以外の選択肢も存在する。就業形態に着目しながら、セカンドキャリアにおける働き方を展望する。

正規雇用から非正規雇用に

ここでは、総務省「労働力調査」から男性の年齢階層別就業形態を取ることで、年齢を重ねるにつれて人々がどのように働き方を変えているかを検証する（**図表1－17**）。

まず、用語の説明をすると、労働力調査上の役員は会社・団体等に所属する役員を指しており、自営業主とは区別されている。役員と聞くと一定規模以上の会社の役員を想定しがちだが、ボリューム層は中小零細企業の役員である。また、自営業主は自営（雇人あり）と自営（雇人なし）に分けられる。自営業で人を雇って仕事をしている人は前者、いわ

図表1-17 就業者の就業・雇用形態(男性)

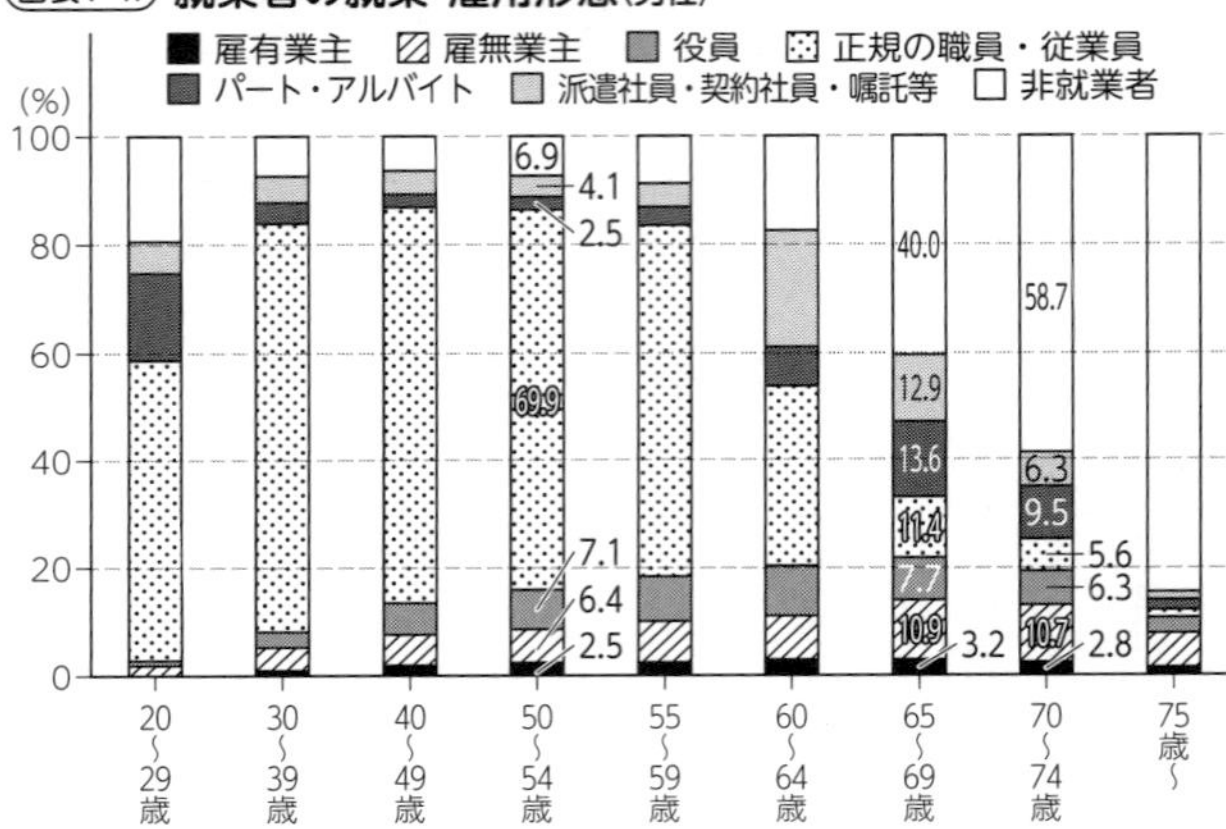

(注)2019年の値
(出典)総務省「労働力調査」

ゆるフリーランスで仕事をする人などが含まれるのが後者である。

50代前半時点の男性の就業形態をみると、この年代で最も一般的な働き方は会社等で正規の従業員として勤める働き方である。無職の人も分母に入れた上で正規雇用者の割合を算出すると69・9%となり、そのほかの働き方をしている人は非就業者を含めても10人に3人程度である。そして、正規雇用者として働く人の比率は歳を重ねるごとに減っていく。50代後半では64・8%、60代前半で33・0%、60代後半で11・4%と推移し、高齢期には少数派の働き方に変わる。

その代わりに増えるのが非正規で働く人たちである。非正規雇用者が占める割合は

50代前半時点では数％にすぎないが、60代後半にはパート・アルバイトで13・6％、契約社員等で12・9％と、定年後の最も一般的な働き方に変わる。

こうした働き方に抵抗感がある人もいるかもしれない。確かに現役時代に関しては、正規雇用で安定した職を得ることの重要性は高く、一定程度の収入を得ようと思えば非正規雇用という働き方は適したものにはならないことが多い。

しかし、定年後に関しては、正規雇用が優れていて、そうでない就業形態が劣っているという認識は改める必要があるだろう。

契約社員やパート・アルバイトという就業の選択肢を選ぶことで、自身のストレスがない範囲で日々の生活のために無理なく稼ぐことができるのであれば、むしろ定年後においてはそういった選択は好ましいものになる。また、仮に第一線で働くまでの意欲はもてなかったとしても、自身がいまできる範囲で世の中に貢献していこうという気持ちは社会的にも応援されてしかるべきである。

役員や自営業主（雇人あり）に目を移してみると、こちらは比率がほとんど変わっていない。役員で見ると、50代前半では7・1％だったのが60代後半には7・7％とほぼ横ばいとなる。先述の通り、名の知れた大企業の役員は全国的にはごく少数であり、この就職形態に関しては自営も含めて小さくビジネスをしている人が大半である。

こうした人は長く働き続ける傾向があるため全体に占める割合もほとんど変わらない。逆に言えば、50代以降に起業をしてこうしたカテゴリーに新規参入する人が少ないということも、この結果から推察される。もちろん、例外はいくらでもあるが、全体としては少数派の事例であるということだ。

「定年後フリーランス」は意外と多い

さらに、フリーランスは実は定年後の現実的な働き方の一つの形態である。ここでは、自営（雇人なし）を広くフリーランスとみなすと、フリーランスの働き方は50代前半では6・4％と少数派であったが、50代後半で7・4％、60代前半で8・4％、60代後半で10・9％まで増える。そして、70代前半では就業者のうちフリーランスの人は約2割で、最も多い働き方になる。

フリーランスというと自由に働けるメリットばかりが着目されるが、相応にリスクの高い働き方である。まず、報酬水準が低く不安定である。会社員のように安定して生活するに十分な報酬を得られる人はフリーランスで働く人のごくわずかである。

そして何より社会保険の問題が大きい。日頃意識していない人も多いかもしれないが、医療保険や年金保険などの社会保険に企業を通じて加入できるということは、企業で働く大きなメリットである。

自営であれば医療保険は国民健康保などになるが、国民健康保険の保険料負担は、事業主負担がない分高くなる。全国市町村の平均保険料水準を調べたデータによると、年収500万円であれば年43・6万円、年収700万円であれば年62・6万円が国保だけで持っていかれてしまう。

さらに問題なのは、年金保険の場合は国民年金に加入することになるから、高齢期の厚生年金保険の給付を受けることができないという点にある。厚生労働省「厚生年金保険・国民年金事業の概況」によると国民年金受給者の老齢年金の平均年金月額は2020年時点で5万6358円。この程度の金額では、老後に豊かな暮らしを送ることはできない。現役時代をフリーランスで過ごすのであれば私的年金で多額の積み立てをする必要があるが、そういった事情を理解している人はそこまで多くないのではないか。

フリーランスという働き方は、若い人にとっては厳しい働き方になる。しかし、これもやはり高齢期の働き方となれば話は別である。定年後はそもそも年金を受け取れる年齢に差し掛かっていることから、年金を受け取りながらフリーランスとして少額の金銭を稼ぐという働き方は十分ありうる。また、そもそも収入水準が低いことから国保保険料も大きな問題とはなりにくい。組織に縛られずに自由に働けるというメリットを感じながらフリ

図表1-18 フリーランスの職種内訳（60歳以上）

必要となる専門性の程度	職種
高度な専門性が必要とされる職種	機械設計（2.4万人）、建築設計（4.0万人）、弁護士・弁理士・司法書士（4.2万人）、公認会計士・税理士（2.3万人）、経営・会計コンサルタント（2.6万人）、ソフトウェア開発職（1.4万人）
一定の専門性を必要とする職種	理美容師（8.1万人）、自動車等整備・機械保守（3.8万人）、建設作業者（4.0万人）、施工管理・現場監督（3.5万人）、不動産営業（3.1万人）、保険営業（2.2万人）、不動産仲介（3.3万人）、そのほか営業職（6.6万人）、柔道整復師・マッサージ師（1.9万人）、記者・編集者・ライター（1.9万人）、グラフィックスデザイナー（2.0万人）
必ずしも高度な専門性を要しない職種	調理（4.6万人）、マンション等施設管理（2.6万人）、農業・造園（9.0万人）、ドライバー（4.8万人）、配達（1.5万人）、販売促進（2.0万人）、販売店員（5.3万人）、写真家（1.9万人）、塾・個人指導講師（6.0万人）、インストラクター（4.2万人）

（注）2019年の値
（出典）リクルートワークス研究所「全国就業実態パネル調査」

ーランスとして働くことは、定年後の現実的な選択肢となるだろう。

定年後には様々な仕事の選択肢がある

フリーランスといっても、長年企業に勤めてきた人にとって、その実態をイメージすることは難しい。そこで、リクルートワークス研究所「全国就業実態パネル調査」を用いて、60歳以上でかつ自営（雇人なし）で働いている人の職種を分析してみるとどうなるか。

フリーランスとして就業する人の働き方は、会社で正規雇用者として働く人と比べると実に多種多様である。少し粗い分類ではあるが、これをあえて類型化したものが**図表1－18**である。

ここでは、フリーランスとして働く人の職種を3つのカテゴリーに分けている。まず第一は、国家資格が必要になる職種などが含まれる高度な専門性が必要とされる職種である。これは医師や弁護士、公認会計士、建築設計など、イメージとしては10年かあるいはそれを超える程度の勉学や実務経験を必要とする職種である。

このように業務独占資格でかつ取得難易度が高い資格を持つ人は、歳を取っても同じ仕事で働き続けやすい。これは専門性が高いからというのも理由の一つではあるが、その名の通りこれらの資格によって仕事が独占されているということが大きい。そうした規制が新規参入者にとっての参入障壁となり、厳しい競争を免れることができる。こうした資格は、法令改正などによる知識のアップデートをその都度しなければならないが、必要とされる知識が根本的に変わることはないという事情も大きいだろう。

第二は、一定の専門性を要する職種である。目安としては、技能の習得に数年程度は年月が必要となる職種である。これも実は結構なボリュームで存在している。個人で営業をする理美容師、建設や土木の世界で元請けの建設企業から依頼を受けて仕事をする一人親方、雑誌やｗｅｂメディアでライティングなどの仕事をしている人もいる。さらに、営業職であれば、企業と業務委託契約を結んで不動産・保険等の営業代行をするという選択肢もある。

雇人なし自営の仕事の一部には企業からの依頼をもとに行われる仕事も含まれている。雇用の責任を回避したい企業と、組織の論理に振り回されずに働きたい高年齢者との間で利害が一致した結果として、こうした働き方が普及しているのだろう。

これらの仕事に共通することは、独立して作業を行うことができるという側面があると同時に、その成果が見やすいという要素があることである。第二の区分は、第一の区分ほど新しく始めるにはハードルは高くないが、おそらくはもともとその仕事をしていた人が、働き方を変えて働いているというケースが大半であるとみられる。

そして、最後の第三の区分が必ずしも高度な専門性を要しない職種である。この区分では定年退職した人などに就業機会を提供する「シルバー人材センター」が一定の役割を果たしている。

たとえば、農業・造園であれば、定年を機に帰農して大規模に農業を始めるのは技術の側面もしかり、地方のコミュニティへの適応もしかり、厳しい側面が多い。だが、小規模に自家農園を行うといったケースであったり、シルバー人材センターで請け負っている庭木の剪定といった仕事に関しては、長期の訓練なしで行っている人が大半である。

施設管理の仕事も定年後の一般的な職種として普及している。販売店員、販売促進は個人商店や、業務委託契約で販売スタッフとして働く人なども含まれているとみられる。ドライバーや宅配であれば、個人契約で行われているスポットでの施設送迎だとか、個人で車を出して行う宅配業務がある。個別指導講師に関しては、音楽、文芸、絵画などの個人指導であるとか、塾や放課後の補習の場で指導をするといった仕事がありうる。

雇用されることで保証される給与や社会保険の問題を踏まえると、現役時代には会社で雇用されながら働くことに一日の長があるといえる。そして、定年前には雇用される働き方を戦略的に選びつつも、定年を迎えようという時期をにらみながら独立に向けた準備を行い、定年後に自由な働き方を選ぶという選択は、良い選択になることも多い。高齢期は必ずしも雇用される必要はないのである。

多くの人が希望して短時間労働者に

非正規雇用やフリーランスといった働き方が広まる定年後。働き方が大きく変わっていくなかで労働時間も大きく変化する。総務省「労働力調査」から週労働時間の分布を取ると、歳を重ねるごとに短時間労働で働く人が増えることがわかる（**図表1－19**）。

50代後半においては、週労働時間が40時間以上の人が58・7％と最も多く、週30～39時間が18・9％、週20～29時間が11・1％、週1～19時間が11・4％となる。そして、定年後に目を向ければ、短時間労働者の割合は60歳を境にして急速に増えていくことが見て取

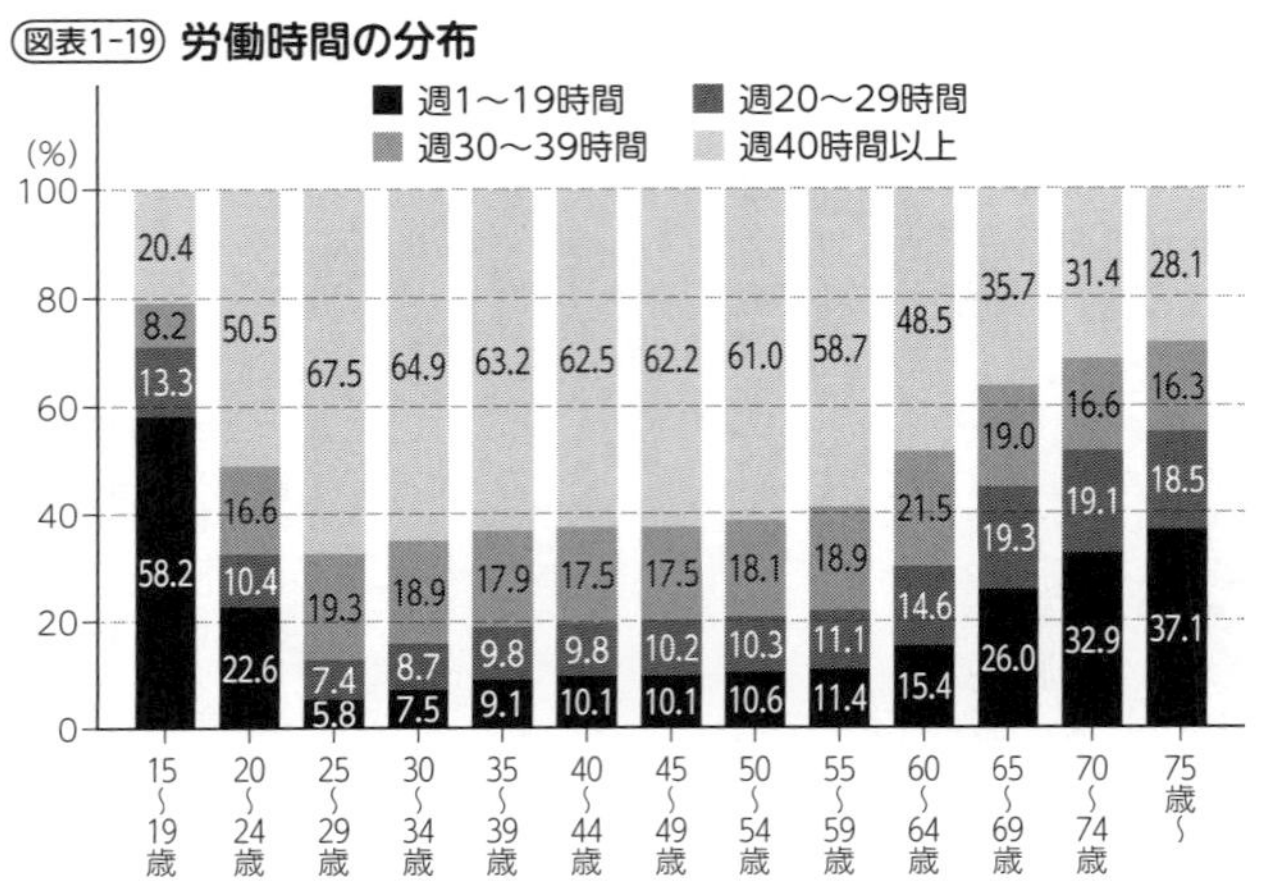

(注)2019年の値
(出典)総務省「労働力調査」

れる。週1～19時間の労働者の割合は60代前半で15・4％と増えたあと、60代後半では26・0％、70代前半で32・9％と急増する。短時間労働者が増えた結果として、週40時間以上のフルタイムで働く人の割合は、60代後半時点で35・7％、70代前半時点で31・4％にまで下がる。定年後には短時間の働き方が急速に増えていくのである。

これは当然に高齢就業者が短時間労働を望んでいるからである。労働力調査（詳細集計）においては、回答者に対して労働時間の増減の希望を聞いており、もっと働きたいのに働けない人、働く時間を減らしたいのに減らせない人の実態把握を行っている。その結果も併せてみると、65歳以上の年齢区分では増減希望なしが83・9％と、ほかの年齢区分と比較して最も高い。一方、増加希望あり（6・1％）、減少希望あり（10・0％）は全年齢区分で最も低い値となっている。ちなみに最も希望通りの働き方ができていないのは25～34歳の年齢層で、増減希望なしが74・1％、増加希望ありが7・1％、減少希望ありが18・8％と、労働時間を減らしたいのに減らせない人が多い。

このようにしてみると、定年後の就業者は短い時間で無理なく働きたいという希望通りの働き方ができている年代となっていることがわかる。そして、なぜ定年後の就業者は短時間労働ができるのかと言えば、それはここまでの家計分析からもわかる通り、そこまで無理をして稼ぐ必要がないからである。

非正規雇用者に関しては、昨今の人手不足の影響もあり、賃金水準の上昇などその待遇改善も進んでいるところである。

特に、近年の法令改正で行われている社会保険の適用拡大の影響は大きい。厚生年金保険の加入要件が拡大されることで、国の年金財政の安定化に貢献するだけでなく、短期間かつ短時間の雇用によって自身の将来の年金受給額を上積みすることができる。定年後も非正規の仕事で無理なく働きながら厚生年金に加入を続け、かつ年金受給を繰り下げることによって、将来の年金を大きく増やすことも可能になる。

近年政府によって進められている非正規雇用者の処遇改善の動きは歓迎すべきものであり、今後さらにその取り組みが進むことが期待される。当然、その裏側では、非正規雇用者の処遇改善は事業主の負担増加につながっているわけであるが、労働力が希少な現代においては、たとえ短時間の雇用であっても非正規雇用者の社会保険料を払わないという企業の選択は、ますます許されなくなっていくだろう。

「非正規雇用」というとどうしても悪いイメージがつきまとうが、その用語の定義上、通常の労働者より短い時間で働く労働者は非正規雇用者に分類される。非正規雇用という働き方はすなわち、短い時間で働きたいという個人の希望にかなった働き方という側面もあるということだ。

事実9　厳しい50代の転職市場、転職しても賃金は減少

定年後は、正規雇用の職を辞し、非正規やフリーランスとなって働き続ける人が多数派である。しかし、大企業で高位の役職に就いていた人などにとっては、このような小さな働き方はプライドが邪魔して前向きに受け止められないかもしれない。定年前後を境に会社での処遇に厳しさが増すなか、自身の経験が活かせる仕事を探すため、外部労働市場に打って出る人もいる。ここでは、長く勤めた会社を離れた後に多くの人が直面する労働市場の構造を明らかにする。

50代以降、転職による賃金増加は困難に

転職市場に目を移せば、これだけ転職が一般化しているなかにあっても、中高年の転職は依然として厳しい状況にあることがわかる。図表1－20は厚生労働省「転職者実態調査」から転職者の賃金の増減を取ったものである。

40代前半までは、転職で賃金が減少してしまう人よりも、転職が賃金の増加につながる人のほうが多い。たとえば20代前半では、46・5％の人が転職によって賃金が増加したと

図表1-20 転職者の賃金の増減

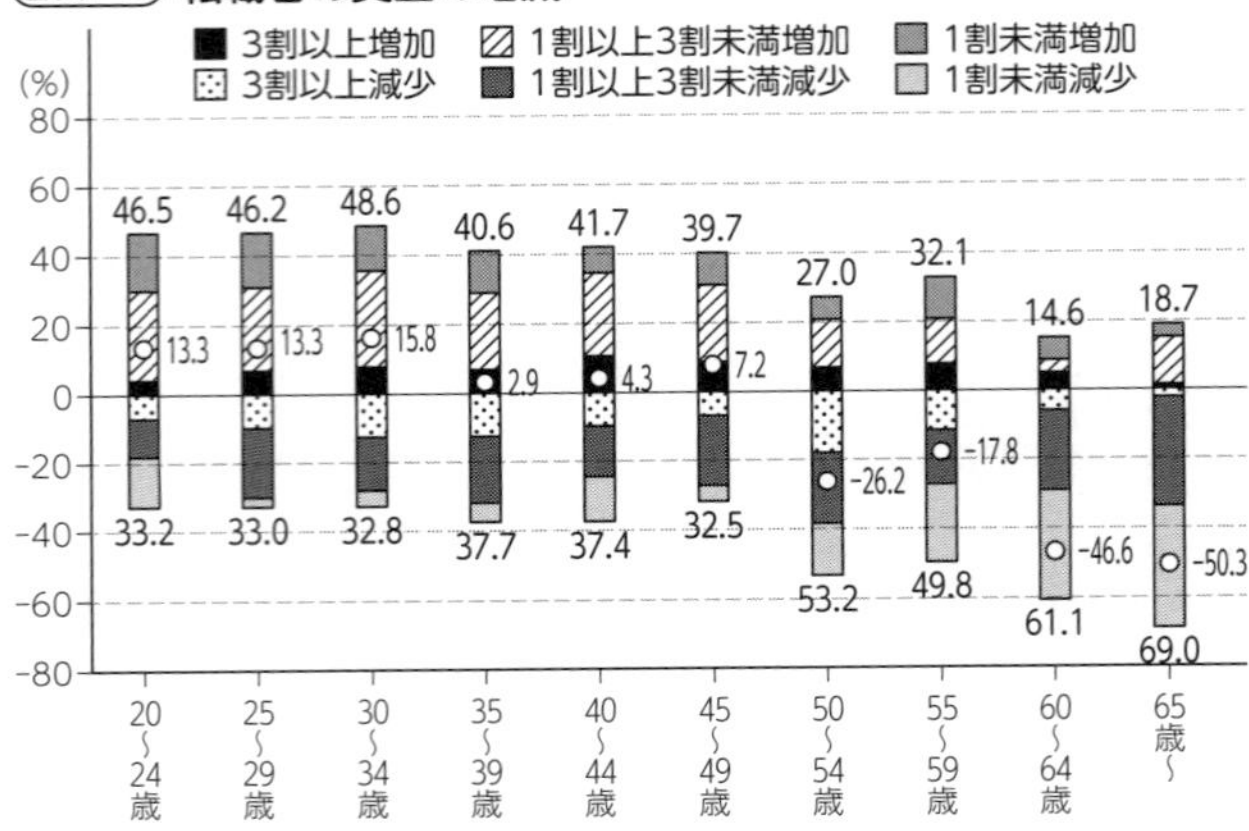

(注)2020年の値
(出典)厚生労働省「転職者実態調査」

答えており、その割合は減少したと答えている人（33・2％）より多く、増加した人の割合から減少した人の割合を引いたＤＩ(Diffusion Index)はプラス13・3％となっている。一方で、50代の賃金増減ＤＩは、50代前半でマイナス26・2％、50代後半でマイナス17・8％と、50代になると賃金が減少する人のほうが多くなる。最もＤＩが落ち込むのは60代前半でＤＩはマイナス46・6％、転職で賃金が増加した人の割合は14・7％まで落ち込む。

このようなデータからも、定年前後の転職がいかに難しいかが見て取れる。定年前後で自社の待遇に満足できず他社に活路を見出そうとする人もいるが、応募しても面接にもたどり着けないという厳しい現実も実際にはある。

こうした事象が生じているのはなぜかと考えれば、まず第一に求職者側の問題があるだろう。中高年になって転職しようとする人の中には自身のこれまでの経験を過信し、名のある大企業における就業や高い役職に固執してしまう人もいる。しかし、企業としては当然ビジネスで利益を生み出してくれる人材がほしいのである。転職先で活躍しようと思うのであれば、役職にこだわらず若い世代と混じって競争することも厭わないという姿勢も一定程度必要になるだろう。

現代は、デジタル技術がビジネスにも浸透するなか、仕事のやり方が数年で変わってしまうことも珍しくない変化の激しい時代である。このような時代においては、過去の経験は必ずしも通用しない。むしろ新しいビジネスの妨げになる場合もある。ビジネスの最前線で生涯活躍しようと考えるのであれば、たとえ若い頃に仕事で大きく成功し管理職の座を勝ち取った人であっても、一プレイヤーとして利益を上げ続けられるよう知識のアップデートを続け、若い人に負けないような実績を築き続ける必要がある。

第二に、企業側の受け入れ姿勢にも問題は多い。実際に、能力が高くその企業で貢献できる高齢求職者がいるにもかかわらず、その人の年齢だけを理由に採用にしり込みしてしまう企業は世の中にたくさんある。生涯企業の最前線で活躍しようと考える人が活躍の場を見つけられるよう、公平な労働市場を構築することも日本の労働市場の大きな課題なのである。

このように中高年の転職市場がうまく機能していない要因には、求職者側と受け入れ企業側の双方に課題がある。そして改めて当事者の観点でこの問題を振り返ってみたとき、現役時代の延長線上での働き方を本当に生涯を通じて続けていかねばならないのかということについては、一人ひとりが現在の自身の状態や家計の状況と向き合いながら熟考する必要もあるだろう。なぜなら、再三述べているように、定年後の家計は、定年前の家計とその様相をがらりと変えるからである。

他者との競争に打ち勝って、名のある企業で高い役職を得るというキャリアを一心に追い求め続ける人は多いが、定年後もそうした働き方を追い求めることが本当に自身にとって望ましいことかと考えると、実はそこまでの働き方は必ずしも必要ではないということも多い。

自身の頭で考え抜けば、必ずしもそういった働き方がキャリアのすべてではないと気づく瞬間が、誰しも訪れるものである。もちろんそれが50代になるのか、あるいは60代前半または後半なのか、70代以降なのか、そのタイミングは人によって異なる。高齢期のキャリアにおいては、自身の家計の状況とも相談しながら、仕事を通じて自身が何を得て、社会にどう貢献していくのかを考えていかなければならない。

縁故、ハローワーク、求人広告など入職経路は多様

中高年の転職市場は厳しい。こうしたなか、ある人は長く勤めてきた企業を離れて短時間就労などで働き方を変えながら、またある人はこれまでの延長線上での働き方を模索しながら、人は定年後も働き続ける選択をしている。

続いて確認していくのは、定年前後に転職をする際にどこから自身の就職先を見つけてくるのかという点である。

厚生労働省「雇用動向調査」から転職者の入職経路を捉えたデータをみると、現役時代と定年後では職の探し方もいくつか異なる傾向が見て取れる（**図表1－21**）。

まず一目見て気づくのは、定年後、特に60代前半の人については、前の会社からの縁故によって就職が決まるケースが多いということである。

これには同じ会社で再雇用されるケースが多く含まれている。先述の通り、現在では高齢法の定めによって、企業は65歳までの継続雇用制度の導入を義務付けられている。雇用動向調査では、定年を機に雇用契約を見直して、同じ職場に再雇用になるケースも、その会社を離職して直後にその会社に入社したものとしてカウントする。このため、60代前半

図表1-21 **入職経路**

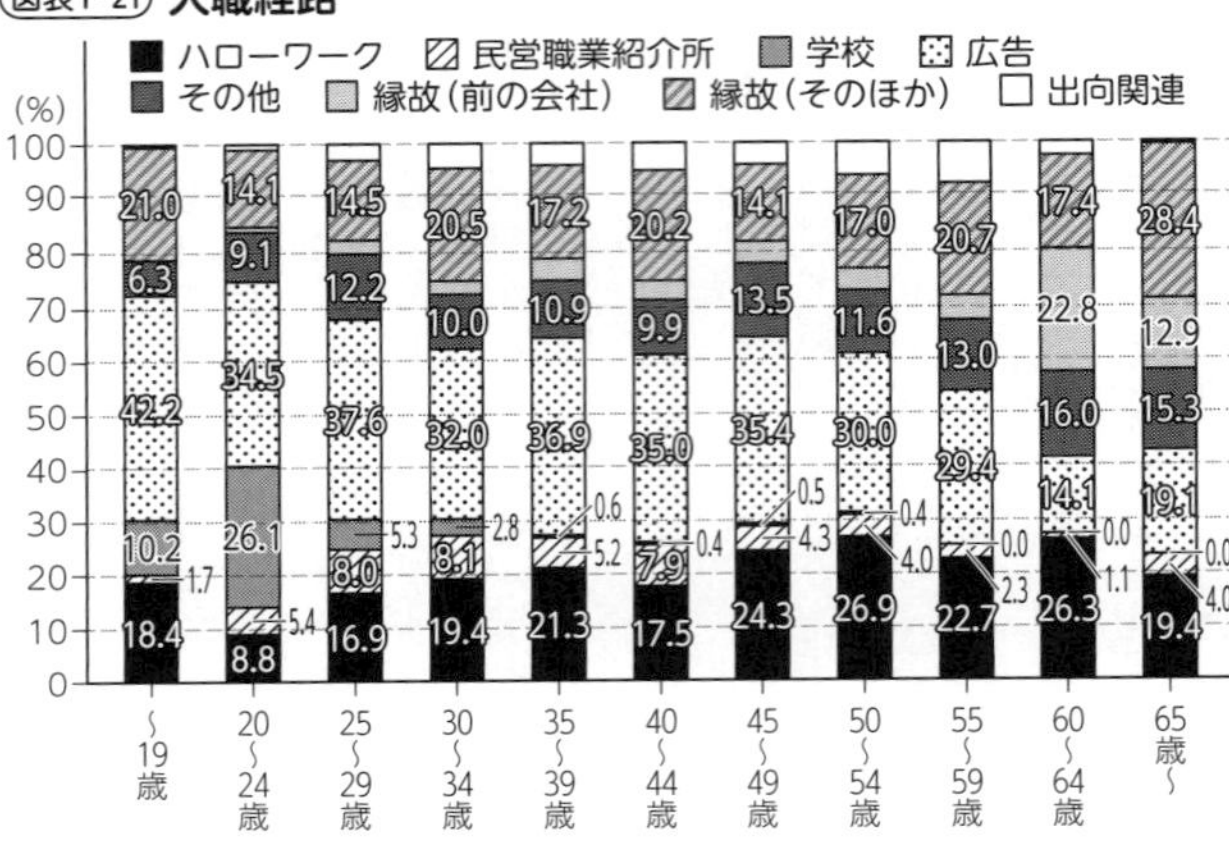

（注）2019年の値
（出典）厚生労働省「雇用動向調査」

の22・8％、60代後半の12・9％のなかには同一会社への再就職が多数含まれているものと考えられる。

このデータからは、この数値のうちどこまでが再雇用による同じ会社への入職で、どこまでが前の会社の斡旋による他企業への再就職なのかは明らかでないが、おそらくは前の会社から斡旋されてほかの会社に就職するというケースはそう多くないのではないか。

もちろん、定年後の異なる会社への転職に、長く勤めた会社が大きな役割を果たす業種もある。特に、官公庁による就職先の斡旋（いわゆる天下り）や金融機関による関係会社への出向は広く知られており、こうした形で再就職先を見つける人も少なからず存在する。しかし、こうしたケースは全体から見れば少数であり、実際にはそれ以外の選択肢で転職先を見つけることが大半である。

前の会社から紹介を受けて転職をする人は、転職者のなかであくまでも一部の人であり、このような形を除けば職探しの手段はほかの年齢層とそこまで大きくは変わらない。

中高年者の転職に関しては、再雇用を分母から除けば、ほかの年齢層と比較してハローワークを通じて仕事を見つける人が比較的多い。そのほかも、求人情報誌やインターネットの求人情報サイトを見て新しい仕事に応募するといった「広告」による経路や、知人や友人に紹介してもらうというケースも多い。

定年前後の就業者の転職活動の大きな特徴としてあげられるのは、民間職業紹介所経由の転職が少ないということである。民間職業紹介所経由の転職は、50代後半で2・3%、60代前半で1・1%となっており、20代後半の8・0%や30代前半の8・1%などと比べて著しく少なくなっている。

中高年者の転職活動に民間職業紹介所が必要な役割を果たせていないのは、当然それがビジネスになりにくいからである。中高年者の転職は、先述のように受け入れ企業の姿勢や求職者の意識に課題があるケースが多く見受けられ、就職先の決定までに多くの時間を要する。また、決定しても30代や40代のような高額な報酬は望みにくく、どうしてもビジネス効率が悪くなってしまう。このため、結果としてマーケット自体がうまく機能しておらず、転職市場全体を通じた大きな課題となっている。

中高年の転職市場の活性化が大きな課題となっているが、ここ数年単位でみてもその状況が少しずつ変わりつつあることは見逃せない事実である。特に、中小企業や地方に拠点を抱える企業、人手不足が深刻な業界などを中心に、中高年の採用意欲が増しており、これまでにない良い待遇で転職できる人も増えているのである。

一部の企業では若手の採用が困難になっていることから、年齢にかかわらず活躍してくれる社員を採用したいという気運が急速に高まっている。名のある大企業への転職だけに絞ってしまうと依然として難しさがあるものの、優秀な人材であればその間口は確実に広がりつつある。

新卒市場で求職者からの人気が高い大企業などはこれからも中高年の積極的な採用は難しいと考えられるが、人手不足に悩む企業を中心として、将来的には中高年採用のすそ野はより広がっていくことが期待される。

事実10　デスクワークから現場仕事へ

定年を境にしてキャリアの構造は大きく変わる。そして、定年前後で変わるのは、職場における地位や労働時間などの狭義の働き方だけではない。仕事の内容も大きく変わっていく。ここでは、職種に焦点を当てることで、定年前と定年後で仕事の内容がどのように変わっていくのかを検証する。

事務職・専門職が減り、現場仕事が増える

総務省「国勢調査」から、年齢別の職種の分布を取ってみると、定年前後に職種が大きく変わる様子が推察される（図表1－22）。

このデータは、一時点の年齢階層別の職種分布であり、一個人が生涯を通じて経験する職種の変化を見たものではない。しかし、ここからは高年齢層で特定の職種の比率が高まっていることがうかがい知れる。どういうことだろうか。

この結果は第一に、当該職種が高年齢者が仕事を続けやすい職種であることを意味すると考えられる。そして、第二に、異なる職種で仕事をしていた人が、定年を境に当該職種

図表1-22 年齢別の職種の分布

(%)

年齢	管理的職業	事務	専門的・技術的職業	販売	サービス職業	保安職業	生産工程	輸送・機械運転	建設・採掘	運搬・清掃・包装等	農林漁業	分類不能の職業
15〜19歳		5.8	3.7	21.8	29.8	2.4	15.3	0.7	4.7	7.2	0.9	7.6
20〜24歳		13.9	15.9	16.5	18.4	2.5	14.9	1.1	3.5	4.9	1.1	7.3
25〜29歳	0.2	19.1	21.0	14.0	11.4	2.4	14.7	1.6	3.3	4.4	1.2	6.8
30〜34歳	0.5	19.8	20.1	13.3	10.9	2.1	14.6	2.2	4.0	4.8	1.5	6.3
35〜39歳	0.9	21.1	19.1	12.5	10.4	1.8	14.7	2.8	4.7	5.2	1.5	5.4
40〜44歳	1.4	23.2	16.7	12.8	9.9	1.5	14.5	3.5	4.8	5.8	1.3	4.7
45〜49歳	2.0	23.5	17.0	12.7	9.9	1.4	13.6	3.9	4.2	6.0	1.5	4.3
50〜54歳	2.8	23.2	17.5	12.4	10.0	1.6	12.8	4.0	3.9	6.2	2.0	3.5
55〜59歳	3.9	20.7	16.3	11.7	10.7	1.8	12.7	4.2	4.6	7.2	3.1	3.0
60〜64歳	4.4	16.1	11.7	10.5	12.5	2.0	13.0	5.1	5.9	9.8	5.8	3.3
65〜69歳	5.2	11.1	9.0	9.9	14.4	2.2	11.4	5.8	5.7	11.3	9.4	4.7
70〜74歳	6.2	9.1	7.3	10.3	13.5	2.0	11.0	4.0	4.3	11.3	14.2	6.7

(注)2015年の値

(出典)総務省「国勢調査」

に移動してくることが多いと考えられる。

このような観点で年齢別の職種分布をみると、定年を境に比率を大きく落とすのは、事務職と専門・技術職であることがわかる。25〜29歳時点では就業者のうち事務職の仕事をしている割合は19・1％であるが、歳を追うごとにその割合は少しずつ増えていき、50歳〜54歳で23・2％とピークを打つ。若い頃にたとえば販売職やサービス職など現場仕事をしていた人のなかで、その一定数が事務職や管理職など管理する仕事に就くようになるからである。そして、50代後半以降、事務職の割合は急速に低下し、70代前半時点では9・1％にまでその比率が下がる。

専門・技術職に関しては、若手から中堅にかけて緩やかにその比率を低下させていく。そして、やはり事務職と同様に定年前後で比率を大きく落とす。その結果として、70代前半時点で専門・技術職に就く人の割合は7・3％と全体のなかでは少数の職種となる。

その代わりに増える職種としてまず管理職があげられる。管理職は40代以降少しずつ比率が上昇し、60代後半では5・2％、70代前半には6・2％となる。ただ、中小企業などに勤める一部の人は事務職から管理職に移行してその職を続けることになるが、全体に占める割合は大きくなく、管理職として仕事を続けられる人はごくひと握りである。

図表1-23 職種別の高齢者比率

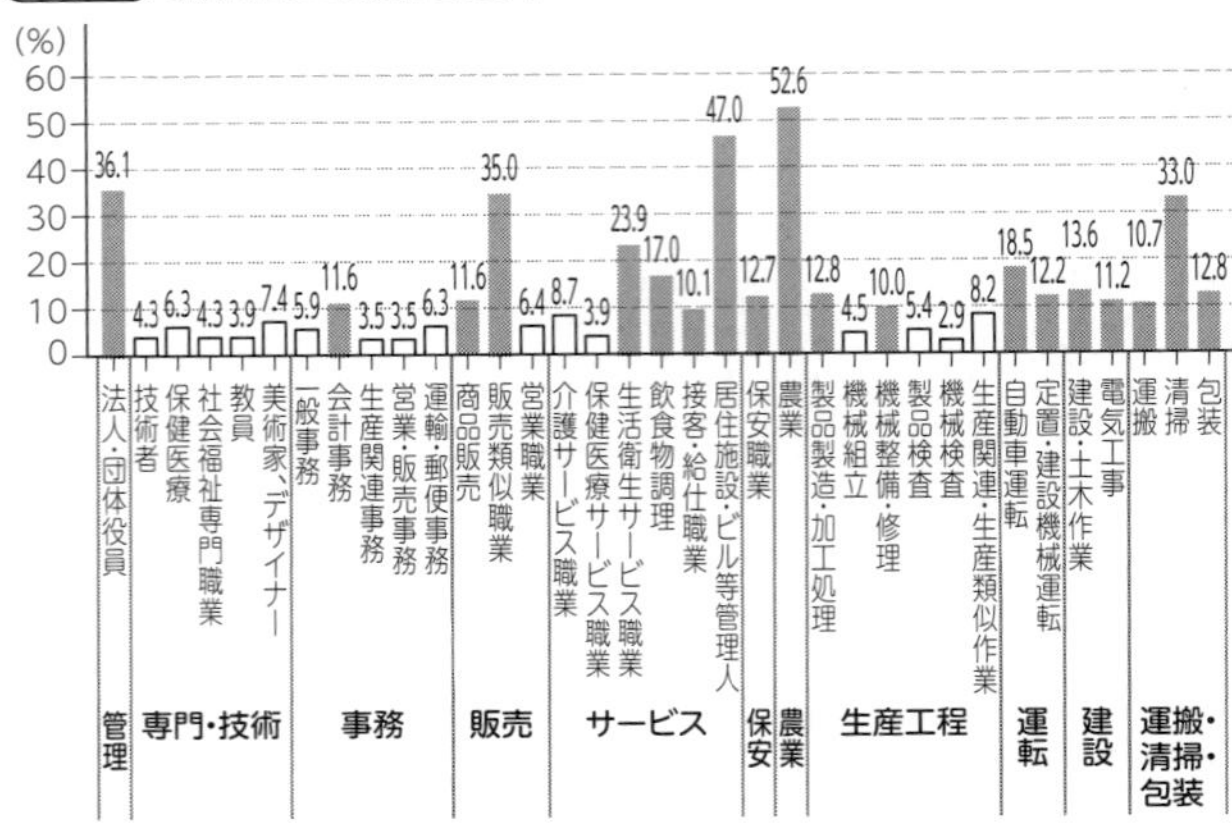

(注)2019年の値
(出典)総務省「国勢調査」

そして、そのほかに高齢期に多い職種をみると、多くは現場で活躍する職種となる。定年後に比率を伸ばす職業は、農林漁業、運搬・清掃・包装等、サービス職業、輸送・機械運転、建設・採掘などとなっていることがわかる。

長く働ける仕事はたくさんある

定年後の仕事の内容をより仔細に調べるため、各職種の高年齢者が占める割合を記したものが**図表1－23**となる。この職業分類をみると、定年後も長く続けられる職種が見えてくる。

最も高年齢者が多い職種は農業である。農業人口は198万人で、その52・6％が65歳以上の就業者によって担われている。

次に、高齢者比率が高い職種は居住施設・ビル等管理人の47・0％、法人・団体役員も36・1％と比率が高い。

販売職も高齢者比率が高い。コンビニやスーパーなどの販売員を含む商品販売が11・6％、販売類似職業が35・0％となる。販売類似職業は、不動産の仲介や保険商品の代理販売などが含まれている分類である。これらは実際にその商品を販売するわけではないが、仲介などの形で売り主から委託された商品を買い主に間接的に販売する形になるため、国勢調査上は販売職として定義されている。地場の不動産屋で高齢従業員が不動産の販売・管理を行っている姿が比較的見慣れた光景となっているように、このような職種では現状多くの高齢者が活躍している。

サービス職も高齢就業者が多い。理美容師、クリーニング店のスタッフなどからなる生活衛生関連サービス（23・9％）や飲食物調理（17・0％）などである。保安職は自衛官、警察官、警備員などからなるが、前者二つは高齢就業者が少ないのに対し、警備員は37・1％が高齢就業者である。そのほかにも、タクシードライバーやトラックドライバーなどの自動車運転（18・5％）、清掃（33・0％）など高齢就業者を積極的に受け入れている職種も多い。

こうしてみると、長く働き続けることができる業界は結構あることに気づく。そして結

図表1-24 職種別の有効求人倍率と有効求人数

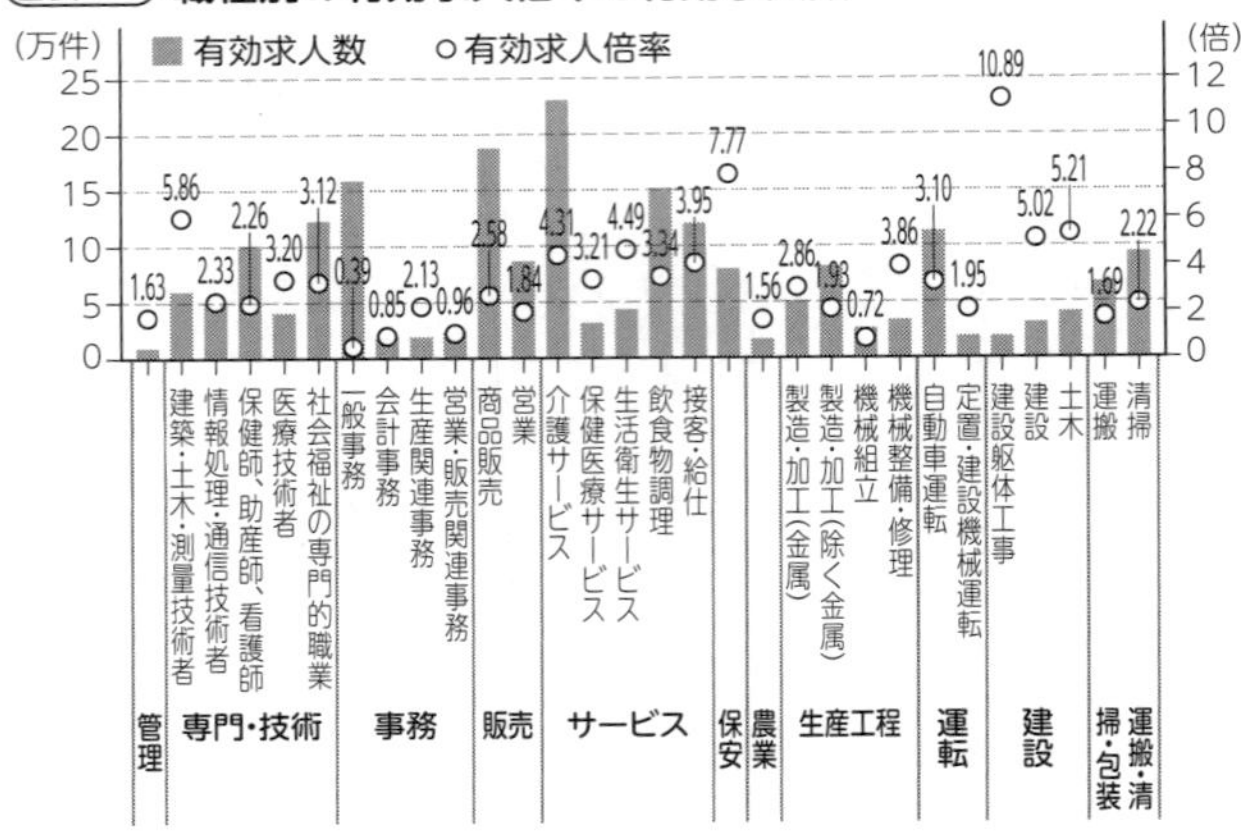

(注)2019年の値
(出典)厚生労働省「職業安定業務調査」

局のところ高齢期に仕事に就けなくなるという問題は、事務職や専門・技術職の仕事が高齢期になくなってしまうという問題とほぼ同義なのである。

高度専門職で働き続けることは難しい

定年を迎えて職を探し求めるも、仕事が見つからない。そういったケースの多くは、求職者が特定の職種に仕事を限定しているから起こる。この現象は、職種別の有効求人倍率からも確認することができる（**図表1－24**）。

２０１９年時点の一般事務の有効求人数は年間で15・9万件あるが、倍率は0・39倍。これは5人の求職者に対し、企業が2つの求人しか用意できていないことを表している。昨今、人手不足が進み有効求人倍率が高まっているなか、一般事務は主要職種のなかで最低の倍率となっているのである。そして、事務職に関しては、先述のように企業が人員の年齢構成の均衡を図ろうとするため、どうしても中高年の採用は後回しになってしまう。

また、管理職については、そもそも有効求人倍率うんぬん以前に求人数がほとんどない。これはハローワークの統計だからという点が大きいが、民間職業紹介所をみてもまだ管理職のマーケット自体が小さい。多くの企業が人員の高齢化に悩むなか、管理職としての仕事は自社の幹部候補生に任せたいという会社が多いというのが実情である。

専門・技術職についてはまた事情が異なる。この職種でマッチングが難しい点については、企業による年齢管理の問題に加えて、求職者の技術の陳腐化も大きな要因になっているとみられる。先のデータをみると、技術者の高年齢者比率は4・3％である。また、有効求人倍率をみても、たとえば情報処理・通信技術者の求人倍率は2・33倍と高い。こうした職種で需給がひっ迫しているのは、企業側が必要とするスキル要件を満たす人材が少ないからだろう。

総合電機メーカーや自動車メーカーでは、現在においても、過去の景気後退期においても、早期退職制度の導入が比較的多く行われてきた。それはこうした企業が人材に冷たい会社だからなのではない。そうではなく、これらの業態は厳しい国際競争に日々さらされており、従業員に高度な専門性を常に求め続けているからだと考えられる。

過去に内燃機関のエンジニアとして活躍していた人が、ビジネス環境の急速な変化によって、自動制御関連のエンジニアとしての活躍を求められるようになる。また、旧来の言語でシステムを構築し、保守・運用することでビジネスを行ってきた会社が、新しい言語を用いた最新鋭のシステムを操れるプログラマーを求めるようになる。時代の変化に対応し、第一線で活躍できる高度な専門性を維持し続けるためには、走り続けていかなくてはならない。

歳を取っても活躍し続けるためには、高度な専門性を身につけていなくてはならないと言われることは多い。確かに、医師や弁護士、税理士といった業務独占資格であって、必要とする知識が固定化されている士業の職種などでは、独立することで定年による縛りがなくなり、これまでと同じ仕事で働き続けられる人は多い。また、エンジニアのような職種であっても、その時代の最先端の技術を身につけている人、もしくはそれにキャッチアップする気概にあふれている人は、高齢であっても働き続けられるような環境を社会は用意すべきである。

しかし、実際には競争が激しく、高度な専門性を必要とする職種であればあるほど、専門性を向上し続ける難易度は上がる。70歳や80歳になって、生涯にわたってスキルアップし続けるキャリアを歩むことはそう簡単ではない。

仕事において成長を続けることは好ましいことである。しかし、何事もそのためのコストと便益とを比較考量したうえで人生の選択をしていく必要がある。

そう考えれば、定年後においても成長し続けるキャリアを追い求め続ける働き方を選ぶことは、必ずしもすべての職業人の至上命題とはならないと思う。高齢期においてはむしろ、社会に一定の貢献をしながらも、自身の幸せな生活と仕事とを両立させていく方法を考えていく必要もあるだろう。

実際に、高齢期において必要となる収入はそう多くないのである。そうであれば、一心に成長を追い求め続けるキャリアから距離を置き、ペースを落としながらも着実にいまできる仕事で活躍するという選択は、成長し続けるキャリアと同様に肯定されるべきなのではないだろうか。

津々浦々の現場仕事が社会を豊かにしている

さて、ここからは事務職や管理職、専門・技術職以外の職種もみていきたい。その他の職種をみると、有効求人数が多く有効求人倍率も高い仕事、つまり世の中が本当に必要としているのに成り手がいない仕事は、介護や販売、保安、自動車運転、運搬・清掃などの現場仕事であることがわかる。

　定年をすぎると事務職や管理職、専門・技術職の求人が急減し、これらの職種に就いていた人の行き場がなくなる。そして、その陰で数々の現場仕事がその仕事で活躍する人を求めているのである。

　この現象は、世間一般でどのように受け止められているだろうか。定年制度など企業の都合で高齢従業員のデスクワークの職を奪った結果として、高齢期には現場仕事に就かざるを得なくなる。こうしたなか、企業はより良い待遇で高齢社員を迎え入れ、誰もが末永く働き続けられる環境を整備すべきだという解説がなされることもある。

　しかしながら、このような解説には違和感を抱く。日本社会は人の生活に不可欠な仕事が正しく評価されていないという現状に、もっと正面から向き合うべきではないか。そして、デスクワーカーの待遇改善を行うよりも、むしろ現場仕事の待遇改善によってこのミスマッチを改善すべきではないのか。

　現下の労働市場で起きているミスマッチは、深刻な問題を社会に投げかけているように思える。人々の間でキャリア意識が浸透した現代において、ホワイトカラーの仕事で成長し続けるキャリアを追い求めることが社会的に望ましいものであると考えられるようになった。しかし、デスクワークの仕事に対する需要はそこまで大きくはないのである。20世紀にほぼ手作業で行われていた事務作業は、ここ数十年でパソコンが一気に普及し、相当の効率化が行われた。これに合わせて、多くの企業における事務職の労働生産性は急速に高まっていると考えられる。IT化や経済のデジタル化の進展などによりホワイトカラーの仕事が効率化され、事務職の潜在的な需要はかなり減っているにもかかわらず、従業員の雇用を維持するために無理をして仕事を作り出している側面もあるのかもしれない。

一方で、この数十年間で、建築現場で活躍する土木・建築作業員の仕事や各種施設で働く警備員、管理人の仕事が必要なくなるという事態は起きていただろうか。あるいは、急速に進む科学技術の進歩によって、介護職員の需要が減退することはあっただろうか。キャリアの文脈に合わずに敬遠されるようになった数々の現場仕事が、むしろ人々の生活を豊かにする重要な仕事になっている。それにもかかわらず、こうした仕事に従事している人々の待遇は一向に良くならない。ここに現代社会における大きな問題が隠れているのではないかと感じるのである。

事務職や管理職などデスクワーカーの仕事は、本質的には世の中に対して直接的な価値提供を行っているわけではない。あくまでも、実際にサービスを行っている人や財の生産を行っている人を管理し、その仕組みを整える仕事である。もちろんデスクワーカーの仕事も世の中に大いに貢献していることは間違いないが、本来の経済の主役はあくまでも生産活動に直接携わっている労働者なのではないのだろうか。

生涯のライフサイクルのなかで、人は様々な仕事に携わる

この現象の是非は置いておくとしても、一人ひとりの名もない人たちによる仕事が社会的に必要とされていることは疑いようのない事実である。こうした現場仕事は、一般的には「エッセンシャルワーカー」と呼ばれることも多いが、何がエッセンシャルで何がそうでないかの明確な区別があるわけではない。

ここでは、もう少し職種の分類を精緻に行うことを目的として、**図表1－25**では、国勢調査の職種分類から机上で仕事するかどうかをもとに、就業者を分類している。これによると、概ねデスクワーカーである人、デスクワークとノンデスクワークが混在している人、概ねノンデスクワーカーである人に分けられる。

2015年において管理職に就く人は145万人と全体から見るとごく一部である。また事務職に就く人は1145万人存在している。これに技術者や経営・金融専門職などの一部の専門・技術職をデスクワーカーと定義すると、実のところデスクワークに就く人は

図表1-25 デスクワークとノンデスクワークの内訳

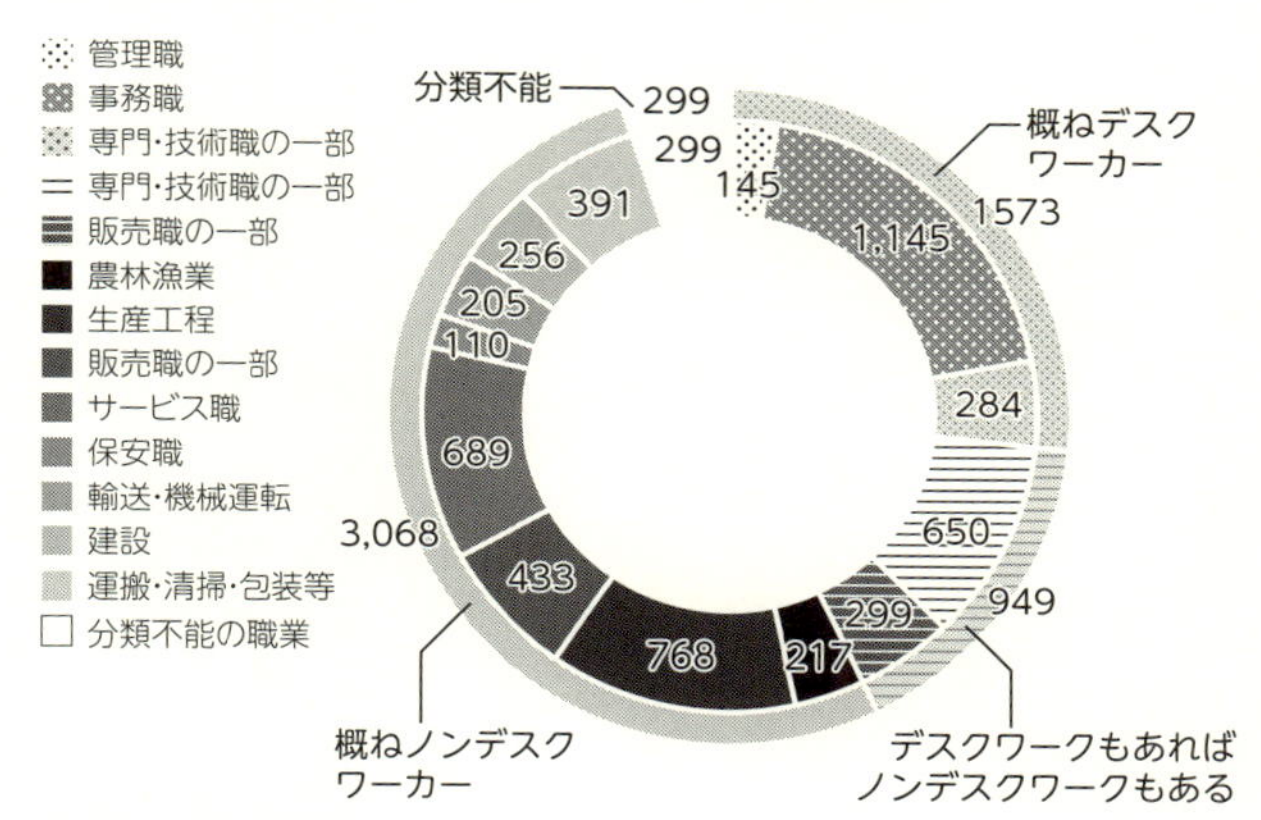

(注)2015年の値。単位は万人
(出典)総務省「国勢調査」

1573万人と、全就業者のうちおよそ4人に1人にすぎない。日々デスクに向かってする仕事は、労働市場のほんの一部分でしかないのである。

一方で、デスクで仕事をすることもありながら、現場の前線に立って仕事をする人も一定数存在する。これは、医師や看護師などの保健医療専門職、これに教員などを加えた一部専門職と営業職などの販売職である(国勢調査上、営業職は販売職の一部であるとされている)。前者は650万人、後者は299万人であるから、デスクワークとノンデスクワークが混在している中間職種は949万人いることになる。

そして、最後に、ノンデスクワーカーである。これには幅広い職種が含まれる。農林漁業（217万人）や生産工程関連職（768万人）、小売店の販売員などの販売職（433万人）、理美容師や介護士、飲食店の調理師や接客業などが含まれるサービス職（689万人）といった職種が、ウエイトとしては大きい。そのほかにも、警備員など保安の職業（110万人）、ドライバーなど輸送・機械運転（205万人）、建設（256万人）、運搬・清掃などの職業（391万人）がある。これらノンデスクワーカーを総計すると3068万人。日本人の仕事を因数分解すると、こうした現場仕事が仕事の多数派を占めるのである。

このような状況のなか、一つ確実に言えることは、多くの現場仕事は世の中を豊かにするとても大切な仕事であるということだ。いくら情報技術が発達し、経済が高度化しても、配達員や農業従事者の仕事が不要になることはないだろう。つまるところ私たちの生活を豊かにしてくれる仕事は、こうした人々が担っている仕事なのである。

市場メカニズムにおける競争のもとで、競争に勝ち残った能力が高い者が管理職や専門職などで働き続け、そのほかの仕事は競争社会のもとで適切に分業をすればよいと考える人もいるかもしれない。

しかし、生涯を通じてここまで厳格に分業をする社会は、果たして望ましいといえるのか。みながみなホワイトカラーで成長を続けるキャリアを志すことが、社会的に本当に必要なことなのか。すべての人がその人の持つ能力の高低にかかわりなく、生涯のライフサイクルのどこかで無理なく社会に貢献する世の中は、あって許されないものなのか。

誰しもがこうした方々の仕事によって助けられているにもかかわらず、心のどこかでこれらの仕事は自身とは関係のないものだと考え、遠ざけている現実があるのではないだろうか。

少なくとも、現実のデータを確認すると、現場仕事は誰にとっても無縁ではない。多くの人は人生のどこかでこうした仕事で世の中に貢献するという選択を行っているのである。

生涯のライフサイクルのなかで、人は様々な仕事に携わる。

職種に関するデータの数々は、現代社会における資本主義の矛盾を投げかけているような気がしている。

事実11　60代から能力の低下を認識する

若手・中堅世代においては、日々仕事を通じて成長を続け、絶え間ないキャリアアップを図ることは無条件に望ましいこととされる。では、定年後に関してはどうだろうか。年代ごとに仕事で必要とされる能力と、課される仕事の負荷がどのように変化したかを探った調査をもとに、この問題を考察していきたい。

仕事に関する能力の低下を感じ始める

個々人のキャリアは、対象物である仕事とその人自身との関係性によって規定される。その人の仕事に関する能力が高まれば、こなすことができる仕事の量や質も高まる。それがいわば「キャリアの拡張」である。拡張したキャリアを通じ、本人が喜びを感じることができればそれはまたすばらしい。

年齢を経るに従い、仕事で必要とされる能力全般が5年前からどのように変化したか、回答をまとめたのが**図表1－26**である。横軸は各年齢層で、縦軸は「5年前から向上／拡大した」と答えた人の割合から「5年前から低下／縮小した」と回答した人の割合を

図表1-26 職業能力と業務負荷の変化

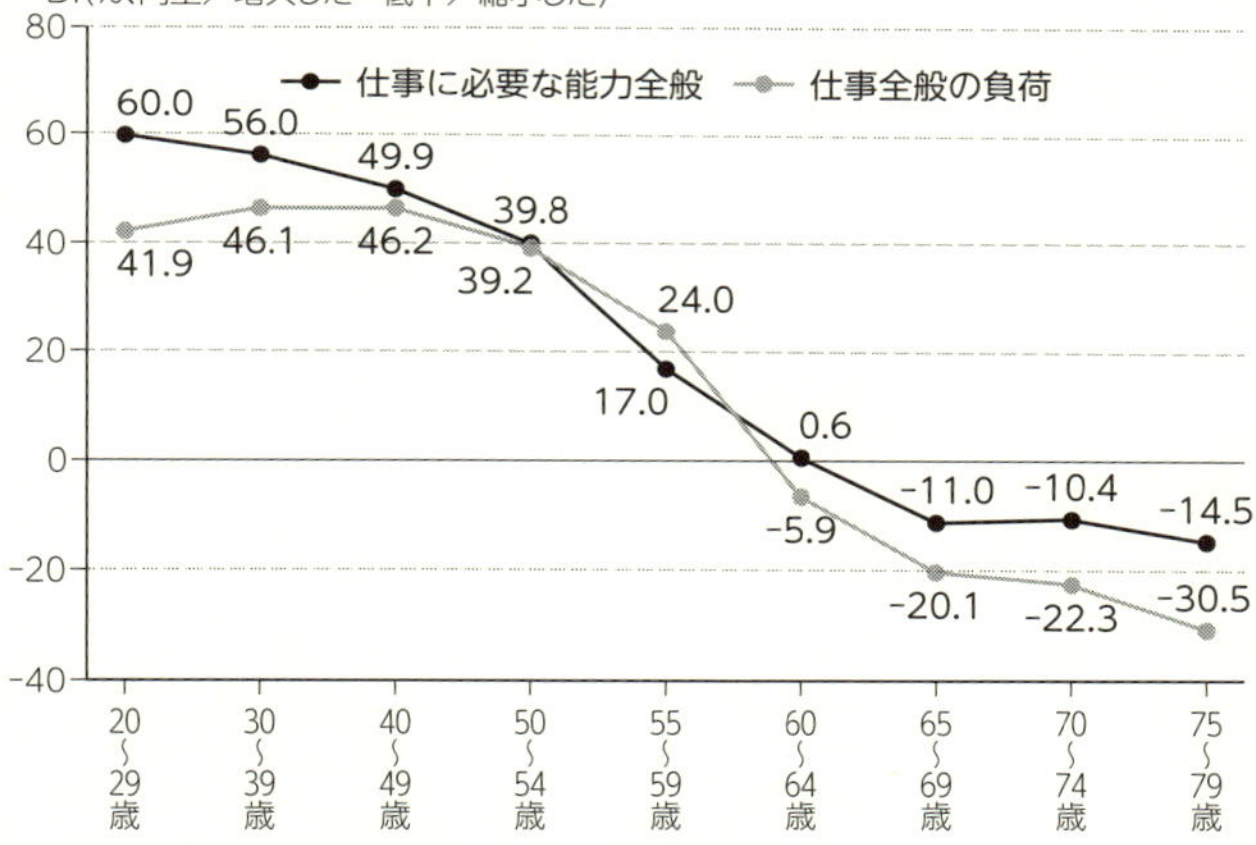

(出典)リクルートワークス研究所「シニアの就労実態調査」

引いた数値をＤＩとして記載している。

60歳あたりを境とし、仕事に必要な能力と仕事の負荷の双方が上下にはっきりと分かれている。定年前、つまり20歳から59歳までは、仕事に必要な能力と仕事の負荷は拡大し続ける。一方、仕事の負荷は60歳以降に、能力に関しては65歳以降に、それぞれ低下／縮小が向上／拡大の割合を上回り、年齢を増すに従い、さらにその度合いが強くなっている。さらに、ＤＩの数値をみると、能力は65歳以降にマイナス10％程度で推移していくが、仕事の負荷はマイナス20％を下回る数値となる。

この結果はあくまで回答者の主観的な認知によるものであり、特に自身の能力に関しては過大評価しがちな傾向があるかもしれないが、ＤＩの低下の幅に差があるという事実は重要である。つまり、能力の低下幅は比較的小さく、低下を自覚する人がいる一方で、そうでない人も多くいる。仕事の負荷については低下幅が大きく、より多くの人が仕事の負荷は下がっていると感じている。

年齢を重ねるに従い、能力も仕事の負荷も平均的には低下していくが、そのスピードは仕事の負荷の低下のほうが大きいと人々が認識していることがわかる。

生涯を通じて伸び続ける対人・対自己能力

次に「職業能力」の変化について詳しくみていく。職業能力の定義については様々あるが、ここでは人事領域で広く知られている大久保幸夫『キャリアデザイン入門Ⅰ・Ⅱ』（日経文庫）の定義をもとに職業能力を分解してみたい。同書では職業能力を「基礎力」と「専門力」に分けている。

基礎力には、まず円滑な人間関係を築くための対人能力、自身の感情などを制御するための対自己能力、情報を収集して課題を見つけ出す対課題能力がある。これらはどのような職種でも必要とされるいわゆるポータブルスキルである。また、これに関連して、基礎力には処理力と論理的思考力も含まれる。仕事を正確に効率よく成し遂げる力で、学業などを通じても培われる能力である。専門力は専門知識と専門技術に分けられており、それ

図表1-27 職業能力の構造図

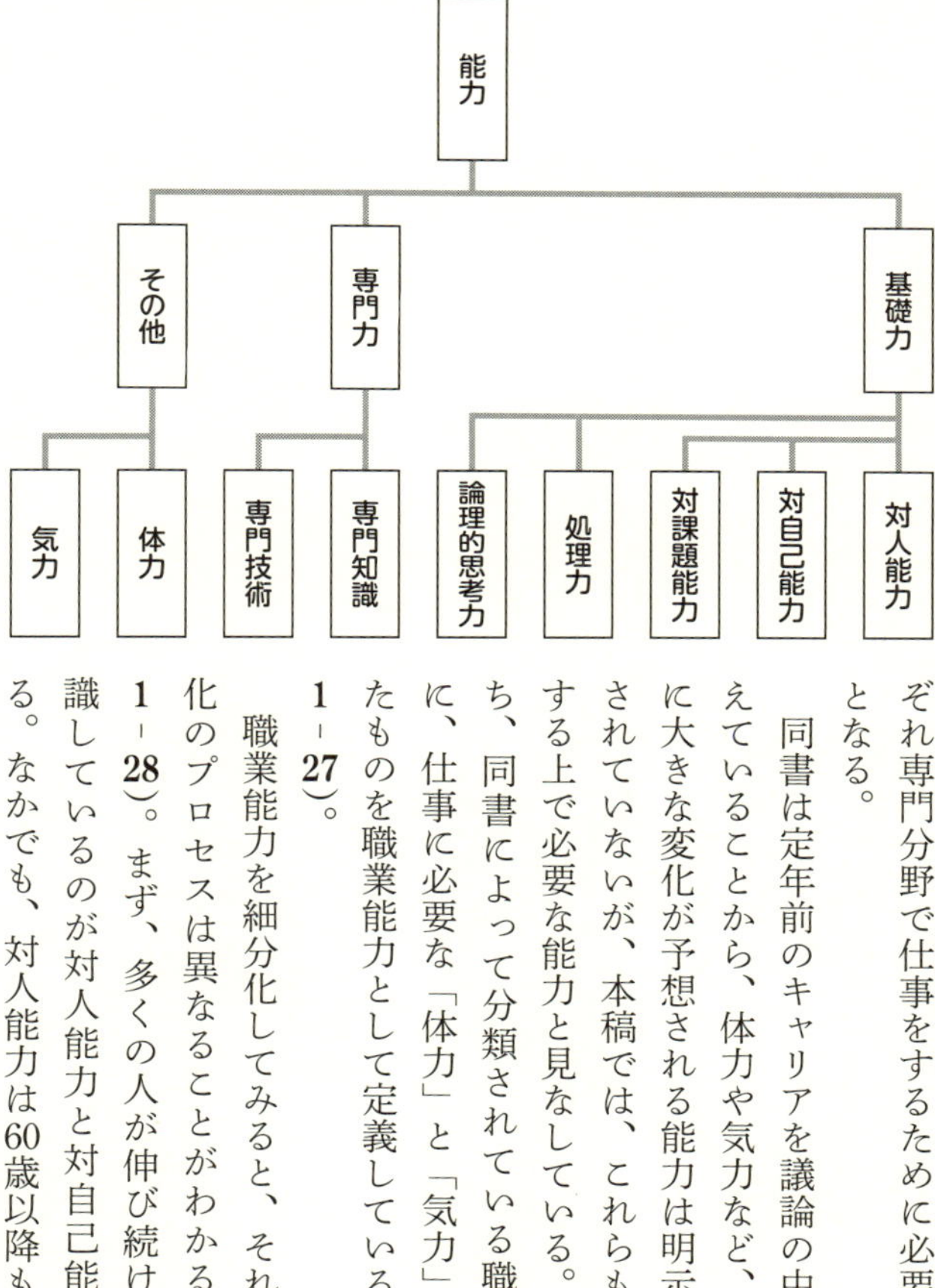

ぞれ専門分野で仕事をするために必要な能力となる。

同書は定年前のキャリアを議論の中心に据えていることから、体力や気力など、高齢時に大きな変化が予想される能力は明示的に示されていないが、本稿では、これらも仕事をする上で必要な能力と見なしている。すなわち、同書によって分類されている職業能力に、仕事に必要な「体力」と「気力」を加えたものを職業能力として定義している（**図表1-27**）。

職業能力を細分化してみると、それぞれ変化のプロセスは異なることがわかる（**図表1-28**）。まず、多くの人が伸び続けると認識しているのが対人能力と対自己能力である。なかでも、対人能力は60歳以降もDIが

図表1-28 年齢別の職業能力の変化

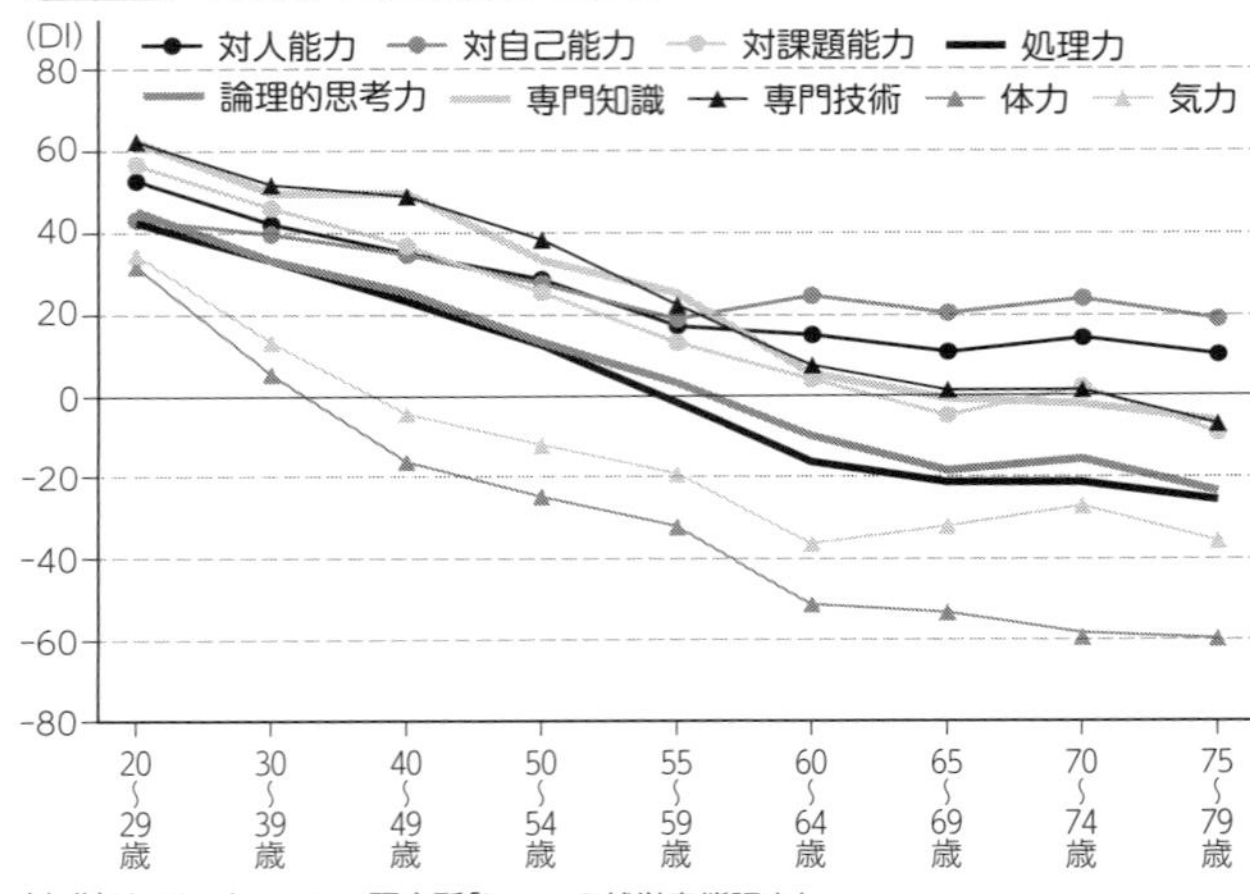

(出典)リクルートワークス研究所「シニアの就労実態調査」

プラス20％前後で推移しており、「5年前と比べて上昇した」と答えた人の割合が「5年前と比べて低下した」と答えた人の割合を20％上回る状態が続く。

その一方で、対課題能力のＤＩは、65歳以降、概ねマイナス圏内で推移する。処理力、論理的思考力についても概ね60歳を境に、低下し始める。論理的思考力よりも処理力のほうがやや低下幅が大きく、65歳以降、処理力に関してはＤＩがマイナス20％を下回る。

専門知識、専門技術については、60代後半以降はＤＩが0％近傍で推移し、マイナスに振れるのは70代後半となる。多くの人は自身の専門知識・技術は歳を取っても保たれていると考えていることがわかる。

能力低下の主因は体力・気力の低下

最後に分析したのが体力、気力である。この2項目については、定年を前にして既に下がり始め、上昇と低下の境目となる0％を下回るのが40〜49歳。平均的には40代以降、人は体力・気力の低下を認識し始めるのである。

以上の結果をまとめると、多くの人は定年前後に体力・気力の低下を感じ、人によっては処理力や論理的思考力も下がると感じる。一方で、対人能力や対自己能力は向上し続ける。

これはあくまで調査回答者に自己評価をしてもらった結果であり、回答が実際の自身の能力を正確に差し示している保証はない。人の能力というのはどうがんばって計測を試みたところでつまるところはわからない。だから多くの人は企業の処遇に不信感を持つのであり、それは企業活動を営む上での必然でもある。また、一般的には、人は精神的な安定のためにも、自身の能力に対して過大な評価をする傾向があるとも言われる。実際に、この調査も全体としては5年前と比べて能力が伸びていると考える人の割合は多い。

また、定年後の就業者の能力について考えるとき、これは働き続けている人のみの結果であることにも注意する必要がある。高齢になって心身の不調を感じ働けなくなってしまった人、また働く意欲が低く引退してしまった人は、このサンプルには含まれていない。こういった点を踏まえた上で定年後の人々の実態を考えると、仕事に関する能力の低下を感じる人は相当数いるのだと考えるのが自然である。

年齢を重ねるにつれて自身の能力に対する自己評価が下がっていくことは、重要な事実である。このデータは、多くの人にとって、仕事に関する能力は生涯にわたって伸び続けるわけではないことを示唆している。

事実12　負荷が下がり、ストレスから解放される

定年後の働き方は、仕事に関する能力の向上を日々感じながら働く現役時代の働き方とは確かに異なる。定年後は、こうした自身の能力の変化と合わせて仕事の内容にも変化を感じるようになる。人々は定年前後に訪れるキャリアの大きな変化に対して、どう向き合っているのか。能力と仕事の負荷の兼ね合いという側面から分析を進める。

定年を機に仕事の負荷が下がる

定年前後を境に仕事の負荷はどう変わるか。それは能力の変化と比較して傾向はより明確である。つまり、ほぼすべての項目において定年を境に急速に「上昇する」から「低下する」に転じる。「仕事の量」のほか、「仕事の難しさ」や「仕事における権限」など仕事の質に関する項目、さらに「仕事からの報酬」といった外形的な項目、あらゆる項目で定年前と定年後とで断絶がある（**図表1－29**）。

いずれの項目も平均的には下がっていくが、より低下しやすい項目とそれほどでもない項目とがある。相対的に低下が著しいのは仕事からの報酬である。仕事の内容はそれほど

図表1-29 **仕事の負荷**(年齢別)

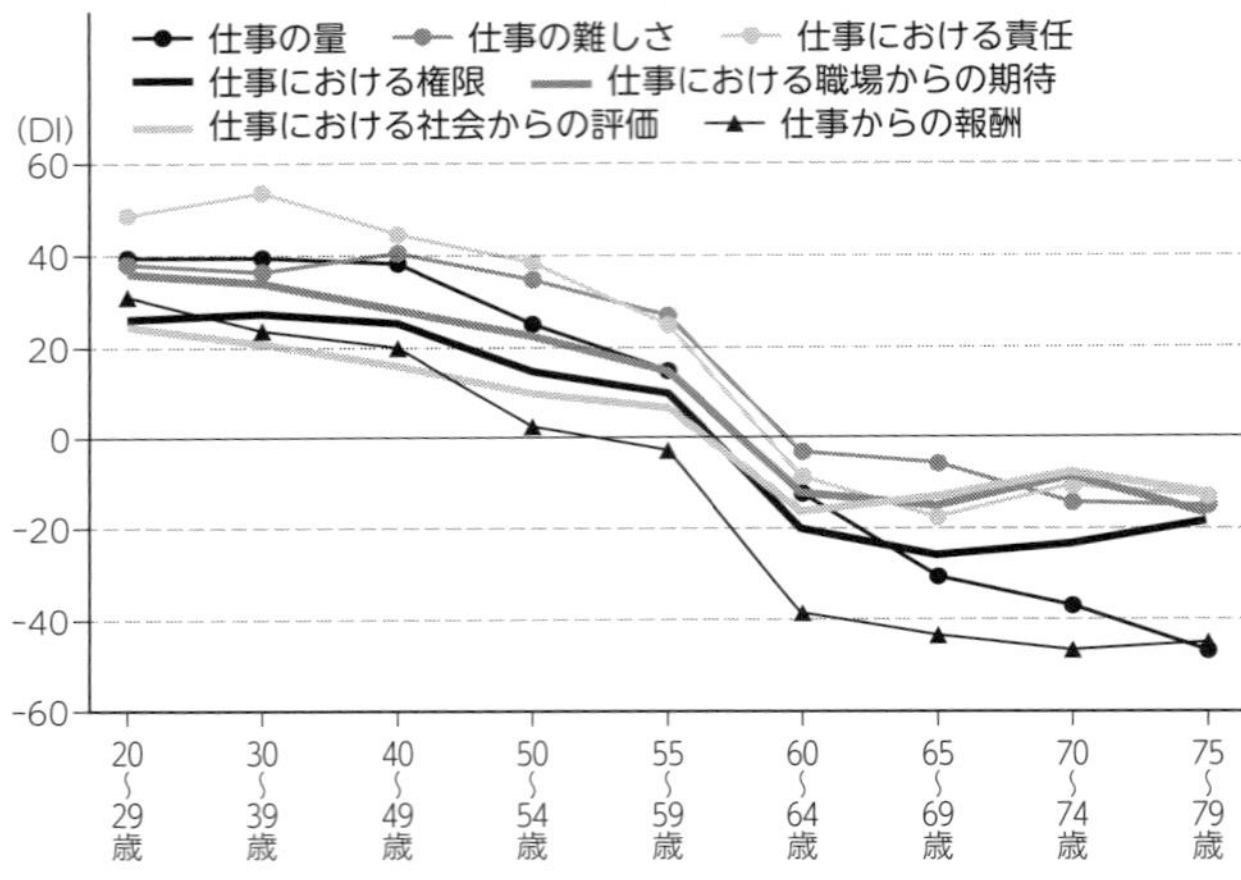

(出典)リクルートワークス研究所「シニアの就労実態調査」

変わらないのに、定年を境に給与が下がる。このように感じている人も多い。さらに、仕事の量の低下幅も大きい。60代後半でDIはマイナス30・4%となっており、拡大したと答えている人より縮小したと答えている人がだいぶ多くなっている。

そのほかの項目については、仕事における権限も低下幅が大きい一方で、仕事の難しさなどは比較的小幅の低下にとどまっている。人によっては仕事の質に関するいくつかの項目は維持・向上することもあるだろうが、仕事の量や権限、報酬といった外からもたらされるものはより失われやすい。また、負荷を構成する項目の多くが定年を経た60代前半以降下がり続けると感じていることも事実として指摘できる。

個々によって大きなばらつきはあるものの、定年以降、能力の低下に合わせて仕事の負荷も低下を続ける。そして、定年前と比較して小さな仕事に取り組むことが定年後キャリアの平均像になる。

定年後の仕事はつまらないものなのだろうか

定年後に一定数の人が能力の低下を感じ、これに合わせて仕事のサイズも小さくなる。この結果をみたとき、多くの人は定年後の仕事はきっとつまらないものになるのだろうと直感的に思うかもしれない。

果たしてそれはどうだろうか。仕事に対する満足度がどう変わるのか、その答え合わせは後述するとして、まずは能力と仕事の負荷との関係性について分析してみたい。

図表1-30は人が自らの能力を基点とし、仕事の負荷をどう感じているかをみたものである。これをみると、定年前後に、能力に比して仕事の負荷が適切であると感じる人が増えていることがわかる。

自身の能力に照らして仕事の負荷が適切であると感じる人の割合は20代で54・5％、30代で56・2％、40代で54・3％と横ばいで推移した後、50代前半の60・9％から60代後半で71・0％まで上昇する。

図表1-30 **能力と仕事の負荷のバランス**(年齢別)

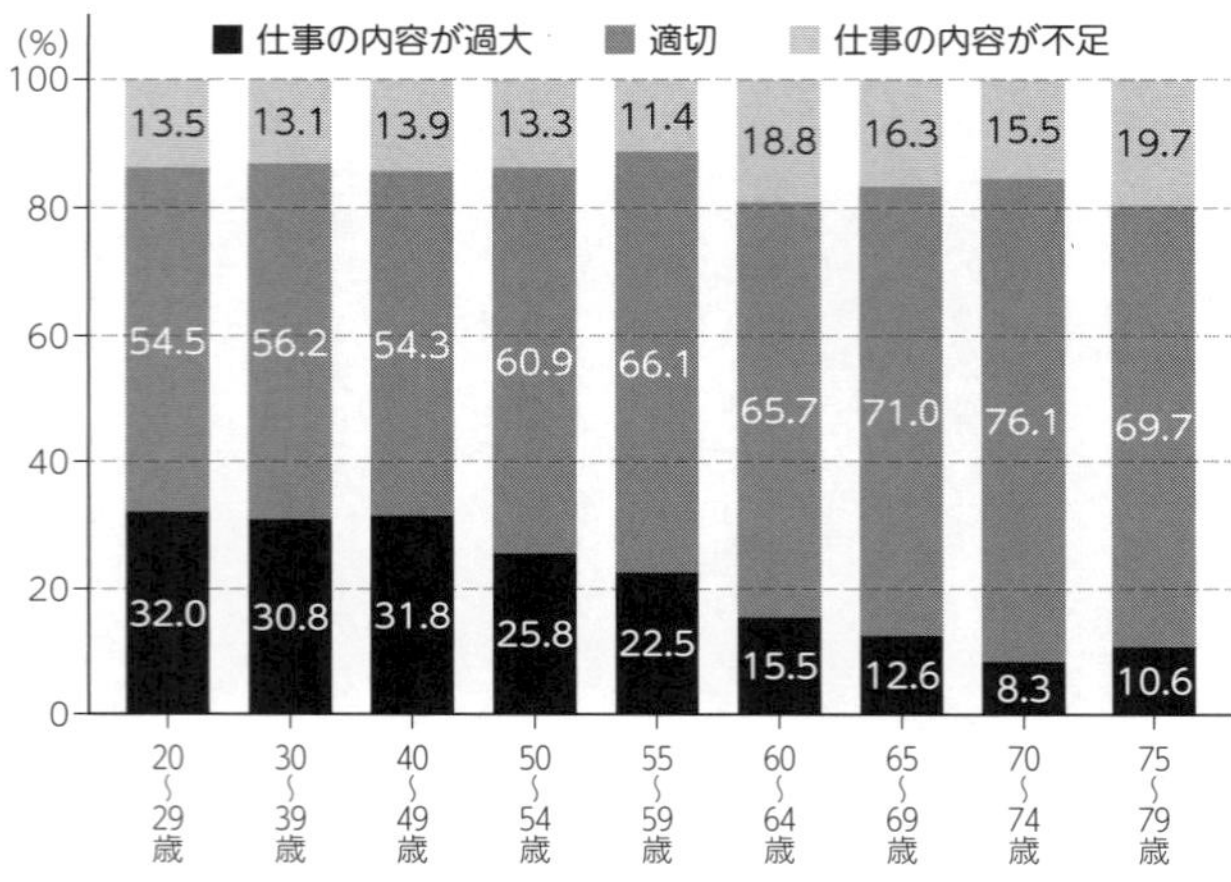

(出典)リクルートワークス研究所「シニアの就労実態調査」

これは仕事の負担が重すぎると考える人の割合が減るからである。仕事の負荷が過大であると回答した人は、40代の31・8%をピークに、70代前半の8・3%の水準まで下がり続ける。

現役世代の人は自身の持つ能力に対して、仕事の負荷が重すぎると感じる傾向がある。仕事において数々のスキルを身につけ、資格を取得し、リーダーシップを磨くなど、絶え間ない成長を求められることに対して、高いプレッシャーを感じている人も少なからずいるのである。

一方で、定年後には、仕事における過度な負荷から解放されることがわかる。50代以降、仕事の負荷が低下していくことによって、能力と仕事負荷のバランスが適正化し、多くの人にとって仕事は心地よい水準に調整されていく。実際に、仕事の満足度と、能力と仕事負荷のバランスとの関係性をみると、その相関関係は非常に強い。バランスが適切だと感じている人ほど、仕事に満足して働けている人が多いのである。

ストレスが少ないシニア世代

なお、能力に比して仕事の内容が不足していると答える人が増えていることにも言及しておきたい。50代後半でそう答えた人は11・4%にすぎないが60代前半には18・8%に高まる。全体の2割と決して多数派ではないが、仕事の内容に物足りなさを感じる人が増えることも事実として確認される。

こうした点もデータから見えてくる重要な事実である。つまり、全体としては負荷を減らしていく方向性が多くの人にとっては好ましいものになるが、現役時代と変わらぬ環境を望む人には年齢による区別なくその機会を提供していくこともとても大切なことであるということだ。

仕事の負荷とストレスとの関係については、政府統計においても調査が行われている。厚生労働省「労働安全衛生調査」では、雇用者に対して、自分の仕事や職業生活に関することで強い不安、悩み、ストレスと感じる事柄があるかを質問している。この結果を

図表1-31 仕事におけるストレスの状況（年齢別）

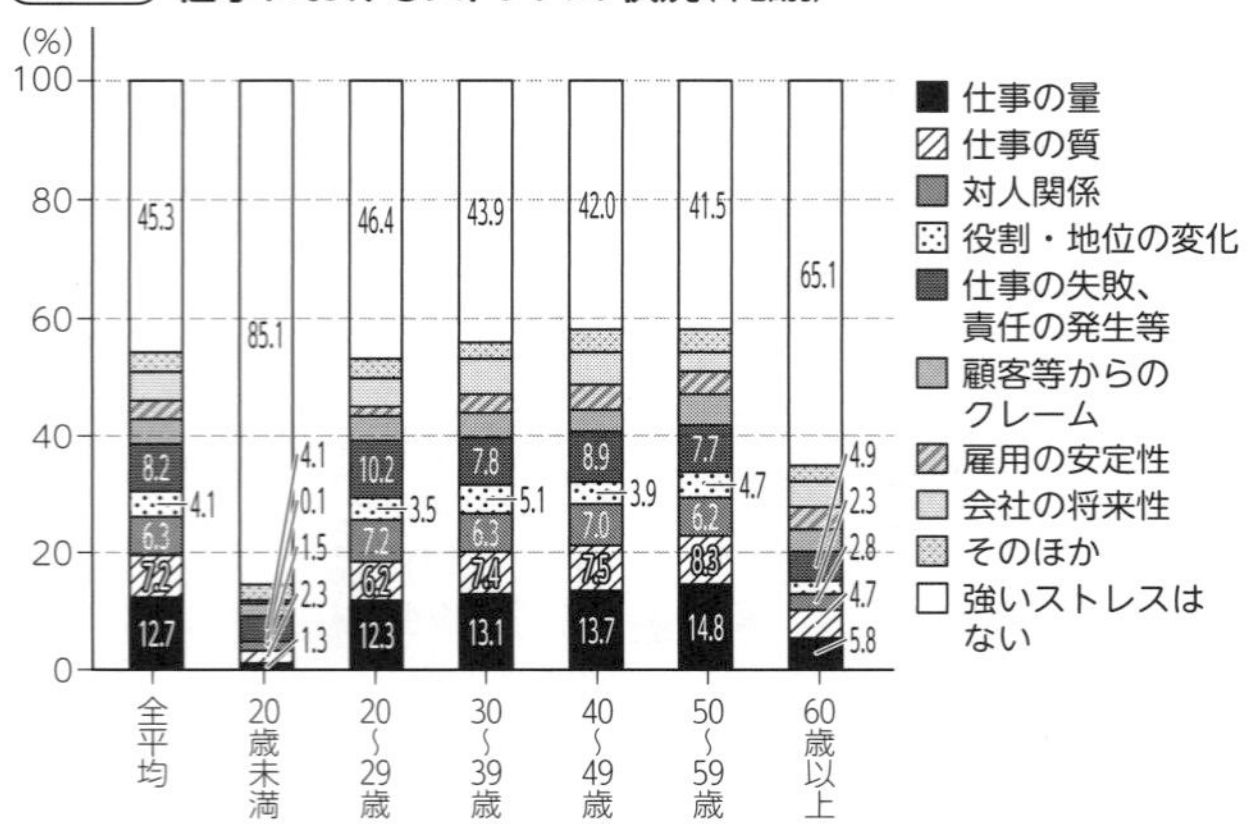

（注）2020年の値
（出典）厚生労働省「労働安全衛生調査」

年齢別にみると、現役世代の労働者の半数以上が何かしらの強いストレスがあると回答しているが、60代以上の65・1%の人が仕事に関する強いストレスはないと答えている（**図表1－31**）。

仕事には一定のストレスはつきものである。それにもかかわらず、定年後の就業者が強いストレスを感じずに働くことができているのはなぜだろうか。同調査によれば、仕事に関するストレスの原因として主なものは、仕事の量や質、仕事の責任、対人関係などとなっている。シニア世代は現役世代と比較して、これらほぼすべての項目においてストレスが少なくなっているのである。

特に影響が大きいのは仕事の量や対人関

係。50代の雇用者のうち仕事の量がストレスの原因であると答えた人は14・8％いるが、60代以上ではそれが5・8％まで低下する。また、対人関係にストレスを感じている人の割合も6・2％から2・8％へと大幅に低下していることがわかる。仕事の量や質、責任が少なく、難しい人間関係も発生しづらい「小さな仕事」だからこそ、ストレスなく働くことができるのである。

小さな仕事に充実感をもって働く

以上の結果から判明することは、多くの人は、定年後に仕事に関する能力と負荷の緩やかな低下を感じながらも、結果的にその関係性に納得感を抱き、満足して働いているという事実である。

要するに仕事というのは、必ずしも負荷が高いものが良いといえるわけではないのである。人はどうしても現役時代の仕事の延長線上で、仕事の量が多く責任も重い「大きな仕事」が好ましいと考えがちである。しかし、必要となる収入水準が低い状況下であれば、負荷が低い仕事を選ぶことが結果として良い選択になることも多い。

そして、たとえ小さい仕事であっても、いまある仕事に確かな意義を見出せたとき人は充実感を持って働ける。データが示しているのは、こういった事実なのではないだろう

図表1-32 日々の活動が心に占める割合

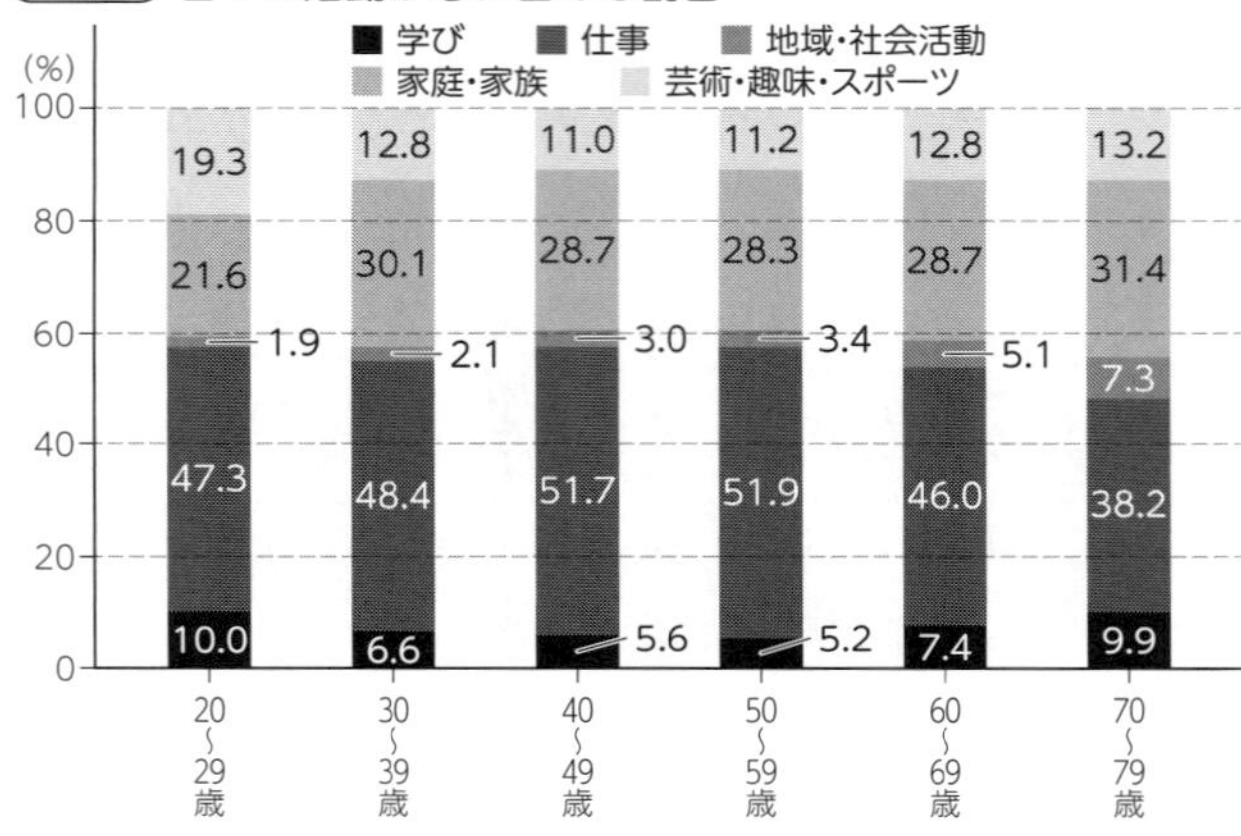

(出典)リクルートワークス研究所「シニアの就労実態調査」

か。

歳を取るにつれて、人々の心の中に占める仕事の割合が着実に小さくなることもわかっている。「シニアの就労実態調査」では、就業者に対して「あなたにとって、現在、以下の5つの活動のそれぞれはどの程度の比重を占めていますか。所要時間ではなく、心の中に占めている割合をお答えください」という設問を用意している。「学び」「仕事」「地域・社会活動」「家庭・家族」「芸術・趣味・スポーツ」の日々の5つの活動が、働く人の心に占める割合がどの程度かを調べたものが**図表1-32**である。

これをみると、仕事が心に占める割合は、50代の51・9%から70代には38・2%まで下がっていることが確認される。

このデータから定年前の人の生活を振り返ってみると、多くの人は仕事に対して物理的にも精神的にも多くの資源を投入していることがわかる。仕事とは自分の人生のすべてなのだという感覚を持つ人も一定数存在している。

自身の仕事に対して大きな責任を持ち、働くことに人生を賭ける生き方も一つの生き方である。しかし、仕事にかかわらず何事もそうであるが、一つのことだけに人生を賭ける生き方をしていると、いざそれがうまくいかなくなったときに大きな喪失感を覚えることになる。そう考えれば、自身の人生のほとんどを仕事に費やすような生き方は、どこか脆い生き方でもある。

一方で、定年後は仕事から、家庭・家族、芸術・趣味・スポーツ、地域・社会活動などほかの活動に関心が移っていく。

ここで重要なのは、まず第一に、様々な活動に対して関心が分散されるということである。自分の人生のなかでいくつかの居場所を持ちそこでポートフォリオを組むということは、将来起こり得る様々なリスクを踏まえれば、好ましい生き方であると言える。

そして、第二に重要なことは、そのポートフォリオのなかに仕事がしっかりと組み込まれているということである。仕事が自身のほとんどであるという時代を経て、定年後にはやがて仕事は生活の一部分となる。しかし、そのなかでも確かに自身の大切な一部分を占め続けるのである。

定年後の人が、仕事のサイズが小さくなるなかでも仕事に前向きに取り組んでいる事実と、ここにあるように多くの人が歳を取るに従い、仕事の位置づけを低下させていることは互いに関連しているはずである。

70歳になっても、80歳になっても、健康でありさえすれば人生の最後まで働き抜くことが求められるこの時代。自身の能力と仕事の負荷の低下を感じながら仕事をしていくことは誰もが避けられない現実となる。

昨今、定年後に、やりがいのある仕事を奪われ、失意に暮れる姿がクローズアップされがちだが、実態はそうではない。

定年後のキャリアにおいては、体力や気力の変化と向き合いながらも、いまある仕事に確かな価値があると感じたとき、人は心から楽しんで仕事に向かうことができる。多くの人は意外にもこうした境地に自然にたどり着いているのである。

事実13　50代で就労観は一変する

定年後は、仕事に向かう体力や気力が緩やかに低下し、それに対応して仕事の負荷も下がる。そして、多くの定年後の就業者は、このような「小さな仕事」に前向きな意義を見出すようになる。なぜこのようなことが起こるのか。就労観の変化を問うことで、その背景を洞察する。

私たちはなぜ働くのか？

人は何を求めて仕事に向かうのだろうか。大前提として、多くの人が仕事をするにあたって欲するのは経済的安定である。一部の資産家を除いて、収入を得るための手段としての仕事を否定する人はいないと考えられる。

しかし、働くことの意味はそれだけではない。働くことを通じ、人は有形無形問わず、様々なものを得ているのもまた事実である。仕事に対する価値観を体系的にまとめたのが、心理学者のドナルド・E・スーパーである。彼は、職業価値（work value）を経済的な安定を得ることだけではなく、自分の能力が活用できること、人の役に立てることとな

図表1-33 仕事に対する価値観

他者への貢献	人の役に立てること、社会の役に立つこと、仕事において自身の責任を果たすこと、会社の成長に貢献すること
生活との調和	無理なく仕事ができること、仕事をする場が快適であること、自分自身が望んだ生活をできること、幸せな家庭生活を実現すること、職業が安定して将来に不安のないところで働くこと、効率よく対価を得ること、毎日働くことで生活のリズムがつくこと、気の合う仲間と一緒にいること
仕事からの体験	わくわくするような体験をすること、さまざまな人と交流する機会があること、いろいろな種類の活動をすること、新しいことを発見したり発展させたり考え出したりすること
能力の発揮	自分自身の専門性を高めること、自分の能力を活かせる仕事をすること
体を動かすこと	仕事において身体を使って活動すること、一生懸命に身体を使って仕事をすること
高い収入や栄誉	昇進できること、高い収入を得ること、大きな意思決定ができるような権限権威を持つこと

（出典）リクルートワークス研究所「シニアの就労実態調査」

ど、20の尺度にまとめている。仕事に対して抱く価値観は、職業選択のみならず、仕事以外の生活面における様々な役割にも影響を及ぼす。

「シニアの就労実態調査」では、働くうえで大切にしている考え方をスーパーの尺度をもとに計29の価値観としてまとめている。同調査ではこの29の価値観それぞれについて、重要と思うか、そうでないかを5つの選択肢から選んでもらう5件法で尋ねており、そのデータをもとに因子分析を行っている。

因子分析の結果によると、現代の日本人が働く上で感じる価値観は大きく6つに分類できる（**図表1－33**）。すなわち、「他者への貢献」「生活との調和」「仕事からの体

図表1-34 仕事に対する価値観の変化

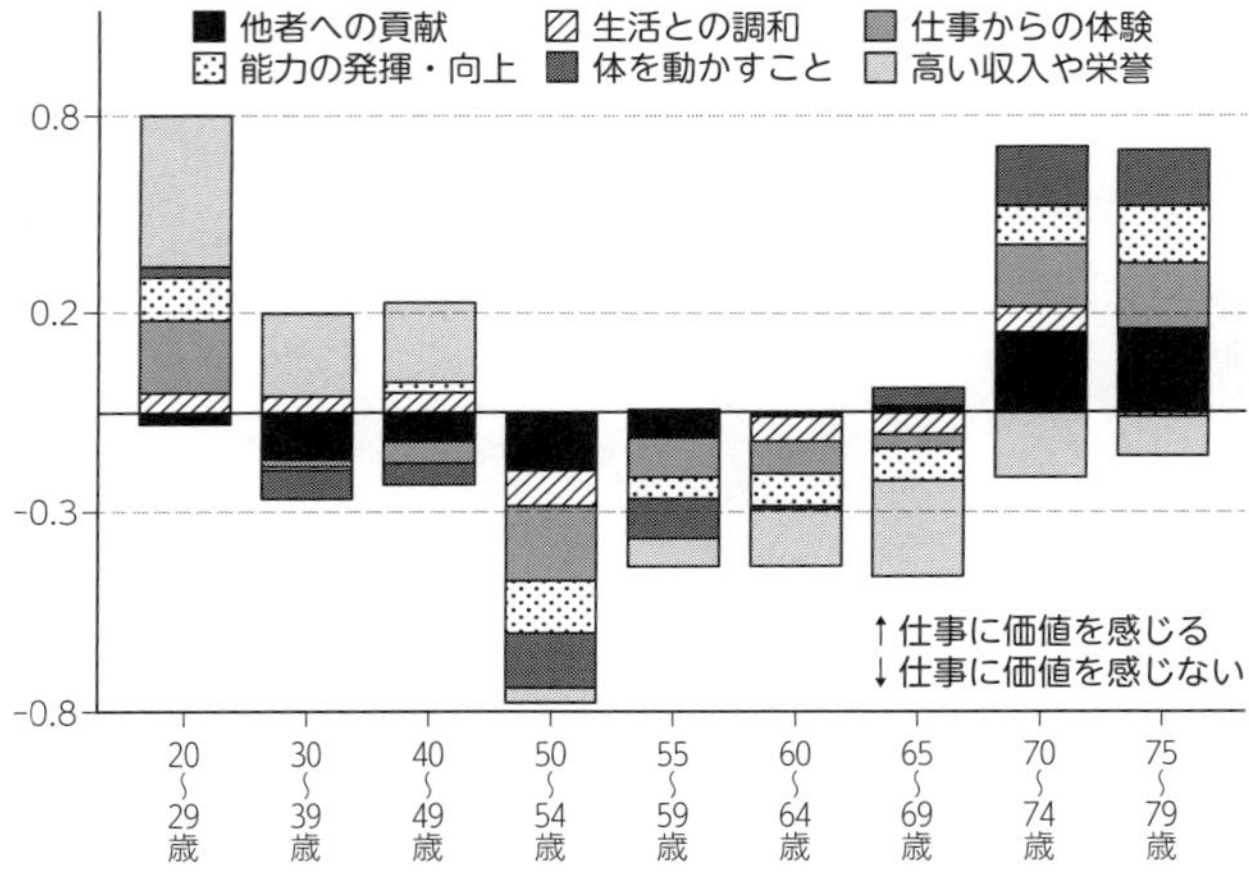

(出典)リクルートワークス研究所「シニアの就労実態調査」

験」「能力の発揮」「体を動かすこと」「高い収入や栄誉」である。多くの人にとって、これらの要素が働く上でのモチベーションになっている。

長い時を経て、新しい仕事の価値に気づいていく

年齢を経るごとに、その価値観がどのように変わっていくのか。各因子得点の推移を年齢別に表した（**図表1－34**）。

これをみると、20代は仕事に多くの価値を見出す年代だということがわかる。20代の因子得点が最も高いのは「高い収入や栄誉」となっている。

若い頃にこうした目標を持つことは、意欲高く仕事をするうえで大切なことであ

り、それが職場によい競争を生み出し、結果として組織のパフォーマンスも高まっていく。若手社員が「高い収入や栄誉」に価値を感じて互いに切磋琢磨することには大きな意味があると言える。さらに、「仕事からの体験」や「能力の発揮」も得点が高い。新しい仕事に楽しさを見出し、仕事能力の向上を実感することができる年代が20代である。

しかし、歳を経るにつれ、仕事を通じて感じる価値は減じていく。30代になると多くの因子が急激に下がり、仕事に対して緩やかに価値を感じなくなっていくのである。

人数自体は減少していくが、会社で地位を上げ収入を高めることに希望を見出す人は、30代や40代の時点でもなお一定数存在している。ただし、それ以外の要素はだんだんと重要だと感じなくなってくる。「生活との調和」は引き続き重要な価値となっているが、これは家庭を持って子供ができ、仕事を通じて家族の生活を豊かにすることを求める人が増えるということだろう。

多くの人が仕事に対する希望に満ち溢れていた20代から、人は徐々に仕事に対して積極的に意義を見出さなくなっていく。そして、落ち込みの谷が最も深いのが50代前半である。この年齢になるとこれまで価値の源泉であった「高い収入や栄誉」の因子得点もマイナスとなり、自分がなぜいまの仕事をしているのか、その価値を見失ってしまう。

定年が迫り、役職定年を迎える頃、これからの職業人生において何を目標にしていけばいいのか迷う経験をする人は少なくない。そうした現実がデータからうかがえるのである。

しかし、仕事に関して最も思い悩む年齢が50代前半だということはつまり、仕事に対して新しい価値を見出す転機もその年代にあるということもまた事実である。

仕事に対してどの程度の価値を見出しているかのデータを50代以降追うと、「高い収入や栄誉」を除いたすべての要素が70代後半に向けて価値を増していく様子が見て取れる。そして、仕事に対する受け止めについて、70代の就業者は若い頃以上に肯定的な見方をしていることもわかる。

仕事に何を求めるかという観点でみたとき、50代は大きな転機になる年齢なのである。人が仕事に対して意義を感じるかどうかは、50代を底にしたU字カーブを描く。社会人になって以降、長い職業人生で失ってしまった仕事に対する意義は、50代を境にして、以後、長い時間をかけて再生していくのである。

定年以降に見出される就労観は、20代の就労観と大きく異なっていることにも注目したい。高齢になるほど高まる価値観としては「他者への貢献」「体を動かすこと」などがあるが、これはいずれも20代では重視されない価値観である。

つまり、より正確に言えば、多くの人にとって仕事の価値観は単に回復するだけではない。人は定年後の新しい仕事のなかに、これまでになかった価値を見出していくというプロセスをたどるのである。

誰かの役に立つことに価値を見出す

ここで、6つの価値観について改めて考えてみよう。

まず、「他者への貢献」である。この価値観は、「人の役に立てること」「社会の役に立つこと」などで構成されている。仕事で直接やり取りをする顧客に限らず、社内外問わず、身近な他者に対して貢献したいという思いを持つ人は、定年後に増える。

人の役に立つという考え方は、まさに仕事の本質となる考え方である。たとえば、仕事を通じて能力を高めることは好ましいことである。しかし、仮に誰もが羨むようなすばらしいキャリアを歩んでいる人がいたとしても、その仕事が人の役に立たないものであれば、その仕事には趣味の一環としての意義があったとしても、仕事としての意味はないと思う。逆に、たとえ人に見向きもされないような仕事であっても、それが確かに誰かの役に立っているのであれば、私はその仕事にスポットライトを当てたい。

仕事とは本来、誰かのためになる行為のはずである。

しかし、定年前の人にとって、そうした意識は低い。よりよいキャリアを築きたい。高い収入を得て家族に良い思いをさせたい。定年前の人は自分や家族のために働いているという意識が強い。もちろん、それ自体は悪いことではない。そうした意識を通じて結果的に社会に貢献できているのであればそれはそれでいいだろう。

これに対し、定年後の就業者の多くは、直接的に誰かのために働くということを大事にしている傾向がある。仕事を通じて人や社会に貢献し、彼らを喜ばせ幸福にする。歳を重ねた就業者は、自らの経験からこうした仕事本来の意義づけ、意味づけを自然に行うことができるようになっている。

一方で、「生活との調和」はワークライフバランスを保ちながら、生活に必要な収入が得られることを重視する価値観であり、仕事は生活の手段という意味合いが強い。この価値観は年齢ごとの変化が少なく、概ねいずれの年代においても必要とされている。

「仕事からの体験」の因子得点は、20代で高い値を記録した後、中年にかけて低下するが、定年後しばらくたつと20代の水準まで回復する。これは「わくわくするような体験をすること」「様々な人と交流する機会があること」「いろいろな種類の活動をすること」など、仕事を通じた体験を日々楽しむことを重視する価値観である。多くの人が、若い頃には仕事で新しいことを体験することを楽しみにしていたはずであるが、長い会社員人生の中でこうした感覚は徐々に失われていく。人は職業人生において、中高年のときに忘れていた価値観を定年後に取り戻すという経験をする。

仕事を通じて「体を動かすこと」も高年齢者にとって重要な価値観である。体を使う仕事に対する偏見を持つホワイトカラーは少なくないが、年齢を重ねるにつれて仕事を通じて「体を動かすこと」に価値があることに気づく。閉じた空間から出て、適度に体を使う仕事に就くことは日々の生活を規則正しく保つ運動にもなってくれる。

そして「能力の発揮」を目指す価値観である。高齢になっても、自ら学び直すことなどによって、自身の専門性を高め続けるキャリアを選択できることはすばらしい。学ぶことを苦にしない人であれば、平均的には能力が低下する時期にあっても、それを維持し、向上させることができる。実際に、対人能力、対自己能力は高齢になっても伸び続けると感じている人も多い。こうした能力をいかに高めるかは、仕事をする上で必要なだけではなく、定年後の幸せな生活を営むための重要な要素になる。低下する体力や気力や思考力などと向き合いながらも、持てる能力を発揮し、また向上させる働き方も可能なのである。

一方で注意すべきは、この価値観は「高い収入や栄誉」を目指す働き方とは無関係ということである。後者は収入や地位の向上そのものが目的なので、能力の発揮は目的達成のための手段にすぎなくなる。

人生100年時代に必要となる就労観の転換

最後に、定年後の幸せな働き方と切っても切れない関係にあるのが、「高い収入や栄誉」を目指す就労観である。

20代を含む若い世代では、多くの人がこの価値観を重要だと感じている。多かれ少なかれこのような考え方は若い時には誰しもが持っているものである。そして、先述のように、仕事を通じて他者と切磋琢磨し、キャリアの頂点を目指したいと思う気持ちは、パフォーマンス高く仕事を行うための原動力となる大切な考え方でもある。

しかし、年齢を重ねるにつれて、こうした考え方の重要度は著しく下がっていく。

組織における出世争いは熾烈である。数少ないポストを多くの人が争うことから、勝ち残れる人はごくわずか。大多数はどこかの段階で出世レースからふるい落とされることになる。若い頃、組織において重要な役割を任されたいと考えていた人であっても、その願いを完全にかなえられる人はほとんどおらず、またそれをかなえられた少数派にとってもどこかの段階でキャリアの階段を下る局面は必ず訪れる。

だからといって、壮年期においてキャリアの途中で競争から降りるわけにもなかなかいかない。現役時代にはそれぞれが自身の守るべき生活があって、仕事における競争から完全に距離を置くことは現実問題として許されないからである。定年前には、多くが競争社会のなかで一定の役割を果たさなければならず、仕事における競争から無縁でいられる人は多くない。

しかし、定年を迎える頃になると、個々人をとりまく状況は大きく変化する。自身の能力の限界を感じ、仕事の負荷が小さくなっていくと同時に、稼ぐべき収入額が急速に低下していくのである。

人生100年時代となり、人々のキャリアが長期化するなか、成長だけを追い求め続ける働き方はどこかの段階で必ず立ち行かなくなる。そのタイミングで、これまで仕事において大事にしていた考え方を捨て去ることができなければ、こだわりはむしろ精神的な重荷になってしまうだろう。

なぜ人は50代で仕事に対して意義を失い、迷う経験をするのか。これはつまるところ、定年を前にして「高い収入や栄誉」を追い求め続けるキャリアから転換しなければいけないという事実に、多くの人が直面しているからだと考えられる。他者との競争に打ち勝ち、キャリアの高みを目指したいという考え方をどのようにして諦めることができるか。それが、定年後に幸せな生活を送れるかどうかを大きく左右するのである。

人生100年時代という概念は、現代において着実に世の中に浸透してきている。将来的には、70歳や80歳になっても働くことが当たり前の社会が訪れるだろう。就業の長期化が進む現代においては、自身の成長だけを考えていれば済むような単線型のキャリアを許してはくれない。

従来のままの自分ではいられないと気づいたとき、これまで培ってきた就労観をいかに転換することができるか。ここに失敗してしまい、過去の仕事における地位や役職に恋々とすることで、新しい仕事に前向きに取り組むことができないシニアも一定数存在する。しかし、そのような人は実は多数派ではない。

就労観の転換は難しいことであるが、それにもかかわらず、現に多くの人々がこの難題に真摯に向き合い、うまく乗り越えていることもまた事実だということが、データからはわかるのである。

事実14　6割が仕事に満足、幸せな定年後の生活

ここまで、雇用形態から職種、収入、仕事の量や質に至る様々な観点から、定年後の仕事の実態を探ってきた。そこからみえてきたのは、定年を境に仕事の責任や権限が縮小し、短い労働時間で少額の収入を得る「小さな仕事」に従事している人たちの姿であった。こうしたなか、人々は定年後の生活をどう感じているのだろうか。定年後の就業者の仕事と生活に対する満足度を分析する。

定年を境に「仕事満足度」が急上昇する

小さな仕事が主流になる定年後。人々は仕事に満足しているのか。それを明らかにするため、リクルートワークス研究所「全国就業実態パネル調査」から年齢別の仕事満足度をみたのが**図表1－35**である。

これをみると、定年前よりも、定年後のほうが現在の仕事に満足している人が多いことがわかる。年齢を追いながら仕事満足度の推移を見ていくと、現在の仕事に満足している人の割合は20歳時点の44・2％から30歳には36・8％まで下がる。若い頃は比較的多くの

図表1-35　仕事に満足している人の割合

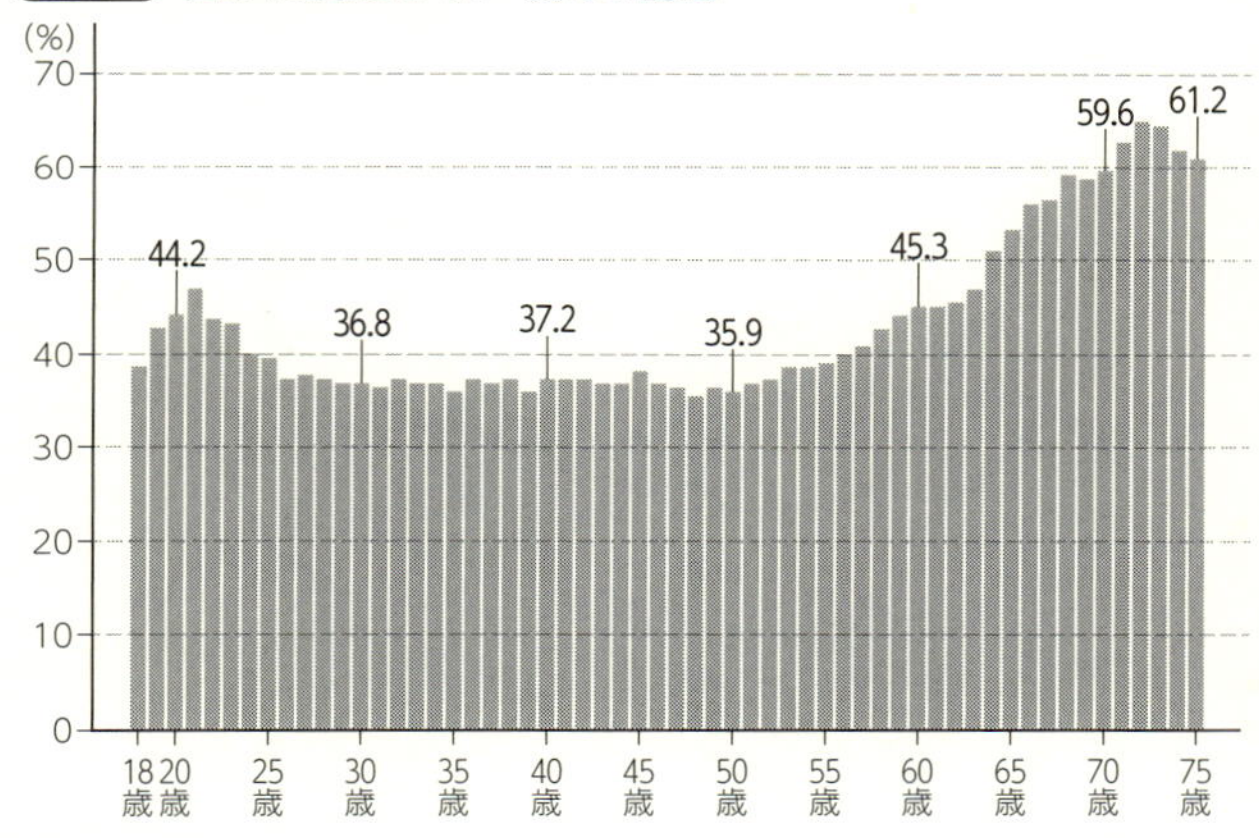

(注)2019年の値
(出典)リクルートワークス研究所「全国就業実態パネル調査」

人が充実感をもって仕事をしているが、仕事をしていくうちにそうした気持ちは失われていく傾向にある。その後、50歳時点の35・9%まで低調に推移を続ける。壮年期の労働者のうち現在の仕事に満足しているといえる人は3人に1人しかいない。

そして、50歳以降は一転して仕事に満足している人の割合は急上昇する。60歳の就業者の45・3%、70歳の就業者の59・6%が仕事に満足している。つまり、70歳の就業者の5人に3人が、いまの仕事に満足していると答えているのである。これは、かつて従事した責任ある仕事を失い低い給与で働いているという表層的にうかがえる事実に照らして、意外な結果といえる。

なお、この結果を解釈する際にはサンプ

図表1-36 **年齢別のワークエンゲージメントの推移**

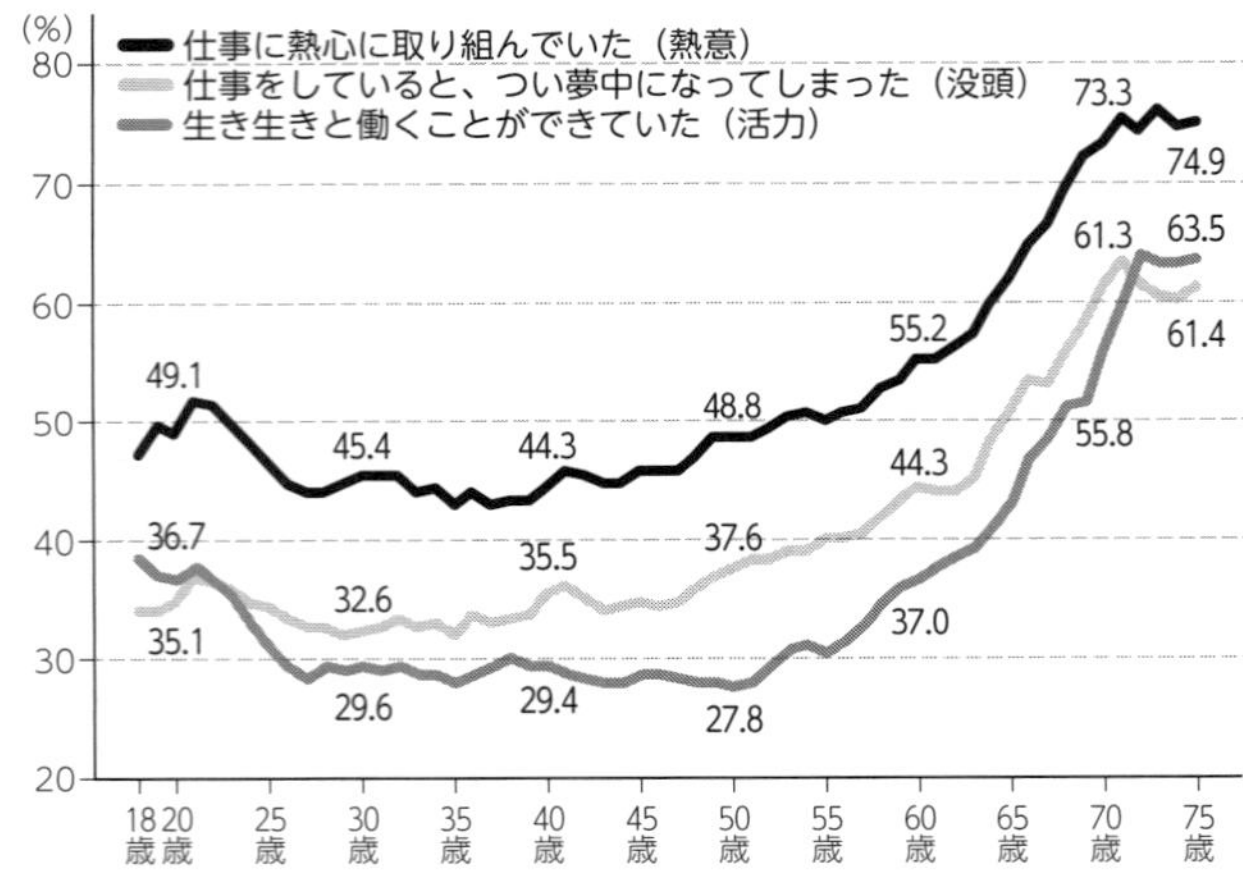

(注)2019年の値
(出典)リクルートワークス研究所「全国就業実態パネル調査」

ルの問題にも留意する必要がある。つまり、このデータは、仕事に満足している人が働き続けることで、結果として高齢期にそうした人の割合が増えていることを表しているだけなのかもしれない。また、単に現代の高齢世代が恵まれた時代を生きていたということを指し示しているだけかもしれない。

しかし、これに関してはパネルデータで継続して就業している人の満足度の変化も並行して分析したところ、継続就業者に限ってみてもやはりなお定年前後以降、年齢とともに明確に仕事満足度が上昇する結果が確認できている。そう考えると、やはり定年後に仕事満足度が高まることは事実だと思われる。

続いて、仕事の充実度を表す「ワークエンゲージメント」に関するデータを追う（**図表1－36**）。ここでも、やはり前向きに仕事をしている定年後の就業者の姿が浮き彫りになる。20～50歳にかけては、「仕事に熱心に取り組んでいた」人の割合は半数に満たないが、50代半ばではその割合が半数を超え、70歳のおよそ4人に3人が「仕事に熱心に取り組んでいた」と答えている。さらに、「仕事をしていると、つい夢中になってしまった」「生き生きと働くことができていた」についても、やはり定年後の人のほうがあてはまると答えた割合が高くなっている。

定年後の仕事と幸せな生活は両立する

仕事に熱心に取り組み、夢中になることができる。そして、生き生きと働けているという実感を持てる。定年後の仕事で浮かび上がってくるこうした姿とは対照的に、定年前の人はこのような働き方はできていない。たとえば、50歳で生き生きと働けている人は27・8％しかいない。現役時代には、仕事に前向きに取り組めている人は少数派なのである。定年前の仕事のこうした現状があるからこそ、やりがいのない仕事をいつまで続けなくてはならないのかという不安を多くの人は抱くのだろう。

こうしたデータの数々をみたときに気づくことがある。要するに、定年後の仕事はとても魅力的なのである。ところが、多くの人はそれに気づかない。自身の家庭など守るべき大切なものがあるなかで自由に働くことができない定年前の仕事を定年後の仕事に投影してしまう。

また、定年後の仕事について、所属企業のステータスやそこにおける役職、また職業上の地位、報酬などの外形的な側面だけに着目し、とるに足らない仕事と見なしてしまう。その結果として、必ずしも定年前の仕事に夢中に取り組めていないにもかかわらず、定年前の仕事の仕方に定年後も必死でしがみついてしまう人がいる。

しかし、定年後に人は家計経済において確かな変化を経験する。企業における自身の立ち位置もがらりと変わる。そうしたなかで、人生で長い間こだわり続けてきた仕事の大きさに対する執着をぬぐい払い、仕事に対する価値観が180度変わる。

日々の生活の幸福度に視野を広げてみると、ここでもやはり幸せな高齢期の生活が明らかになる（**図表1－37**）。これは年齢別に現在幸福であると答えた人の比率を取ったものであるが、定年後、歳を経るに従って幸福度は高まっていく。

幸福であると答えた人の割合は、20歳時点の48・4％から年齢を重ねるごとに下がっていき、50歳時点で38・2％とほぼ底を打ったあと、それ以降は急速に幸福度が上昇、60歳時点で45・1％、70歳時点で54・9％の人が幸福な状態にあると答える。幸福度も仕事に

図表1-37 年齢別の幸福である人の割合

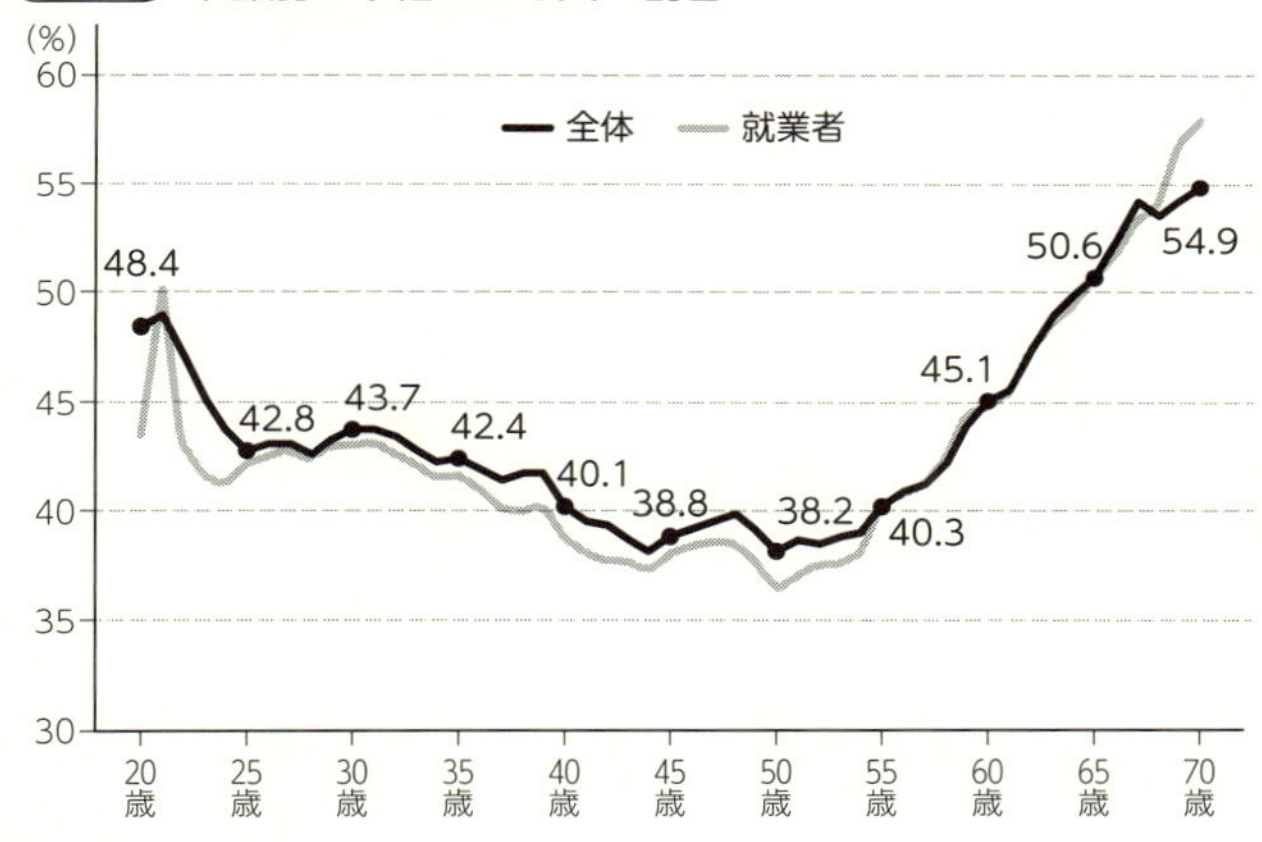

(注)2019年の値
(出典)リクルートワークス研究所「全国就業実態パネル調査」

関する満足度と同様に50歳くらいを底にしてU字カーブを描くのである。ちなみにこれは就業者のみに限定してみても同様である。

ここで、多くの人が関心を持つのが、高齢期には仕事をしたほうが幸せなのかということだろう。結果的には、非就業者も含めた全体の幸福度の平均値と就業者のみに限定した平均値はほぼ変わらないが、これは働いても幸福度が下がらないということまでは保証しない。高齢期に仕事を引退している人は自らの意思で引退している人のほか、病気を患うなどしている人も含まれており、就業者のサンプルとは大きく異なると予想されるため、単純な比較は難しいからである。40代などの現役世代をみると、非就業者を含めた全体の結果のほうが数値が高くなっており、専業主婦層を中心とした非就業者の幸福度が高いことがうかがえる。

あくまでここでわかることは、定年後の人々は、働いてもなお幸せに暮らしている人が多いという事実である。定年後の就業者は、無理なく仕事を行いながら、幸せな定年後の生活を送っている。それが、働き続ける現代社会における、高齢期の生活の等身大の姿なのである。

ここまで取り上げた様々なデータから見えてくるのは、定年前と定年後には家庭経済から自身の意識に至るまで、充実した仕事を行う上で、また幸せな生活を送る上での考え方に大きな断絶があるということである。

定年後の仕事を考える上で最も重要なことは、いかにして社会で通用する高い専門性を身につけるかにあるわけではない。また、競争に勝ち残り、人に誇れるような仕事に就き続けることにあるわけでもない。

定年後に豊かな仕事を行えるかどうかを決めるのは、この定年前後の意識の断絶をいかに乗り越えるかにあると考えるのである。

事実15　経済とは「小さな仕事の積み重ね」である

　ここまで行った分析からわかることは、定年後の小さな仕事には確かな意義があるということである。しかし、それでもなお、このような仕事に社会的意義は少ないのではないかと考える人もいるかもしれない。定年後の仕事をめぐる事実の締めくくりとして、こうした仕事が社会経済に与える影響について検証する。

成長前提の社会は持続不可能

　バブル経済に沸いた1980年代以降、日本経済は長期にわたって停滞している。その原因に真っ先にあげられるのは、イノベーションの停滞である。情報技術の発展などによって米国を中心に経済が高度化するなかで、日本経済はその動きに取り残されているようにみえる。

　日本経済の動向をめぐって欠かせない論点は、なんといっても人口動態の影響である。日本の現状をみると、高齢化によって働けない人が増え、少子化によって日本の人口自体は2008年の1億2808万人をピークに減少し続けている。国立社会保障・人口問題研究所「日本の将来推計人口」によれば、日本の将来人口は、２０５０年には１億１９２万人とピーク時の８割ほどにまで減少する。

　仮に日本の経済水準を維持するという目標を掲げた場合であっても、人口が５分の４になるのであれば、一人当たりの生産性を４分の５倍にしなければ目標は達成できない。しかも、これは高齢者比率の上昇も織り込んだうえでのことである。高齢者比率は２００８年時点で22・１％であるが、２０５０年の推計値は37・７％である。

　もちろん、人口の減少が必ずしも経済の低迷につながるわけではない。絶え間ないイノベーションで経済を成長させれば、理論的には人口減少下でも経済の成長は可能である。しかし、将来推計人口の数値から現実的な日本経済の将来を見通せば、長期にわたって経済が縮小し、世界において日本の位置づけが低下するのはもはや必然と考えたほうがよいだろう。これからは、いかにして経済を拡大していくかではなく、いかにして縮小のスピードを抑えるかといったことを主眼に置かなければならない。

　そして、日本経済の成熟化に伴い、日本人の働き方やキャリアも変わっていくことは避けられない。成長前提のキャリアではなく、持続可能なキャリアがどういったものかを考えていかなければならなくなるのである。

図表1-38 年齢別の付加価値創出額の変化

(歳)	2007年			2019年		
	就業者数(万人)	平均給与(万円)	経済規模(兆円)	就業者数(万人)	平均給与(万円)	経済規模(兆円)
～19	94	140	2.6	119	135	3.2
20～24	466	251	23.0	461	264	23.9
25～29	628	345	42.5	539	369	39.2
30～34	731	406	58.3	571	410	46.0
35～39	735	468	67.6	639	445	55.9
40～44	672	503	66.4	762	476	71.4
45～49	651	509	65.0	847	499	83.2
50～54	659	506	65.5	732	525	75.5
55～59	788	492	76.1	632	518	64.4
60～64	466	401	36.7	530	411	42.8
65～69	279	328	18.0	428	324	27.3
70～	260	348	17.8	464	282	25.8
計	6,429	437	539.3	6,724	436	558.5

(出典)内閣府「国民経済計算」、国税庁「民間給与実態統計調査」より推計

定年後の小さな仕事が日本経済を支えている

人口がピークを迎えた2000年代以降の十数年間で、女性や高年齢者の労働参加は急速に広まりつつある。**図表1－38**は、日本経済の構造変化をみるために、内閣府「国民経済計算」、国税庁「民間給与実態統計調査」、総務省「労働力調査」から、各年齢階級の労働者が経済全体にどれくらいの付加価値を生み出しているかを推計したものである。

この推計結果をみると、日本経済の構造は人口がピークを迎えた2000年代以降、確かに変わってきている。具体的には、一部の働き盛りの男性が大きな付加価値を生み出す社会から、幅広い性・年齢階

層にある人が幅広いスケールの仕事で価値を生み出す社会への変貌である。

特に、高年齢者の貢献は近年ますます拡大している。たとえば、60代前半の就業者が生み出す付加価値額は2007年時点で36・7兆円であったが、2019年時点では42・8兆円と増加、これを60代以上に広げれば72・4兆円から95・8兆円にまで増え、2019年時点では60歳以上の就業者が創出する付加価値の経済全体に占める割合は17・2%となる。

60歳以上の就業者の付加価値創出額の12年間の増加分は、23・4兆円となる。これはこの12年間の名目国内総生産の増加分19・2兆円を超える水準である。もちろんこれは人口動態による影響もあるが、定年後の仕事が与える経済全体への影響力の大きさがうかがえる結果と言える。さらに注目すべきは、定年後の仕事はその多くが「小さな仕事」であることだ。2019年時点で60代後半の平均給与は324万円、70歳以上は282万円と平均給与全体に比してかなり少ない。

70歳以上の平均給与について、2007年時点で348万円であったものが282万円まで減少していることにも着目したい。その一方で、同年齢階層にある人の就業者数は、260万人から464万人に増えている。つまり、これまで高齢期に働く人は全体のごく一部の人だけであったが、多くの人が働くようになってきたことで比較的に低い収入

図表1-39　年齢別の従業地の割合

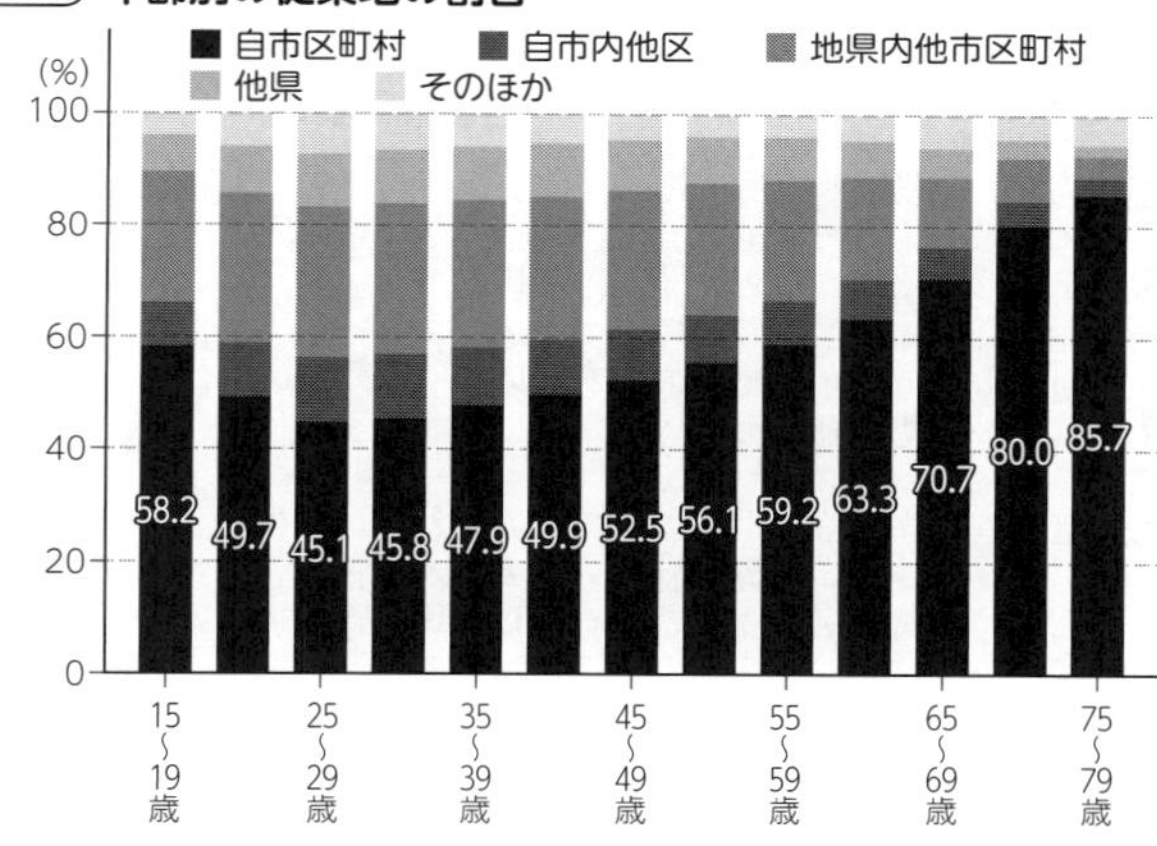

（出典）総務省「国勢調査」

を稼ぐ人が増えた。その結果として、平均給与が下がると同時に就業者数が増えたという現象が起こっているのだと考えられる。

仕事人生の締めくくりとしての、地域社会への貢献

定年後の仕事は自身が住み慣れた地域で行われることが多いという特徴もある。総務省「国勢調査」では、常住地と従業地との関係を調べている（**図表1－39**）。常住地とはその人が普段住んでいるところを、従業地は就業者が就業している場所を表している。

年齢別に常住地と従業地との関係をみると、20代後半を底に、年齢を重ねるにつれて自市区町村内で仕事をする人が増える。一方で、自市内他区、県内他市区町村、他県の割合はいずれも年齢とともに減っていって、80歳就業者に至っては9割弱が自宅近くで働くことになる。なお、自市内他区とは、東京都特別区部など常住地が21大都市にある者で、同一市内の他区に従業地がある人を示している。

つまり、定年後の仕事は住み慣れた地域で行われるという側面がある。現在、少子高齢化の進展や進学や就職時の都市部への若者の流出によって、多くの地域で若者や中堅層の人口が減少しており、それが地域の深刻な人手不足につながっている。こうしたなか、地方創生の文脈において若い人口を取り戻そうという動きが全国で活発化しているが、目覚ましい成果にはつながっていない。

こうした施策において問題なのは、少子高齢化のなかで若者人口の取り合いをすることは、そもそもとしてゼロサムゲームであるという事実である。つまり、他地域から若者を移入させれば、その移入元となる地域で若者が流出し、地域経済の停滞をまねいてしまう。そう考えると、地域創生による移住の推進などは、マクロのレベルで考えれば本質的な解決策とはならない。

その一方で、自地域に居住している人にいかに就業してもらうかは、地域経済にとって本質的に重要な考え方となる。定年後の仕事は農業やサービス職など地域に根差した仕事が多く、地域経済にとって大切な役割を担っている。こうした方々の就労を促進することが、地域経済にとって何より重要なのである。

長く勤め続けた会社で仕事人生を終える——こうした考え方も一概に否定されるわけではない。しかし、人生100年時代の現代において、生涯の仕事の選択肢を都市部の企業の世界だけで閉じる姿は、本当に社会的にも個人の幸せにとっても望ましいものなのか。

仕事人生の締めくくりとして、誰もが仕事で無理なく地域社会に貢献する。こうした人たちの姿は、人手不足が深刻化している各地域にとって必要不可欠なものであり、また一人ひとりの生涯の生活様式としても望ましい形になる可能性がある。地方創生を考えるのであれば、若者の移入を目指すだけではなく、自地域内の潜在的な労働力をうまく活用することを考える必要があるのではないか。

経済とは「小さな仕事の積み重ね」である

ここまで見ていくと、高齢期に多くの人が無理なく仕事に従事することが、経済にとっていかに大切なことかがわかってくる。

典型的には、50代の頃に年間で700万円から800万円程度の収入を稼いでいた人がいたとする。従来であれば、この人は定年が来ると同時に仕事を辞めていたかもしれない。しかし、生涯現役時代を迎える現代において、彼らは定年後に住み慣れた地域で無理なく200万円の稼ぎを得るようになる。こうしたライフサイクルが多くの現代人に浸透していくことは、社会的にみてとても望ましいことなのである。

平均給与の低下が問題視されている。十数年前までの日本型雇用のモデルにおいては定年後には仕事を辞めてしまうことが主流であったから、定年後は非就業者となり、統計上も日本人の見せかけの平均賃金を引き上げていた。しかし、それは社会的に見れば大きな損失なのである。多くの人がたとえ小さな仕事であっても、働くことで無理なく社会に貢献することは、今後の日本経済や財政の持続可能性にとっても欠かせない。

ここ数十年間をもって、失われた数十年間などと言われることもある。しかし、日本経済はこの間も緩やかながら着実に進歩している。そして、近年の日本経済の成長にも定年後の小さな仕事は間違いなくその一翼を担っている。実際に、日々の生活を振り返ってみても、以前と比べて人々の生活の質は明らかに改善していることがわかるだろう。

たとえば、コンビニエンスストアなど小売店が全国に配店されたことで、質の高い商品をいつでもどこでも買えるようになった。また、インターネット上でボタン一つ押すだけで、日本のどこに暮らしていても自身が望む商品が自宅まで届くようになった。介護保険法が施行された2000年以降、介護サービスは着実に広まっており、安価で高い質の介護サービスを誰でも受けることができるようになっている。

現代の日本の消費者が日々利用しているこれら世界的に見ても高水準のサービス。これは、数十年前にはなかったものである。日本経済に起きているこうした前向きな変化は、近年の技術の発展によるところも大きい。世界的な巨大企業や公的機関が構築した仕組みが貢献していることも議論の余地はない。しかし、人々の生活が豊かになっているのがなぜかと突き詰めて考えていけば、イノベーションを先導する人々とともに、市井の労働者のがんばりがあるのだと理解されるのではないか。

将来はＡＩによって仕事がなくなるのだから、こうした仕事は近いうちにいらなくなると主張する人もいるが、本当にそうだろうか。足元の労働市場をみると、むしろこうした小さな仕事の需要は着実に高まっているのである。つまり、人々の生活が豊かになるにつれて、これまで自身や家族の手によって行われていた生活に関する細々な行為が市場化され、労働に対する需要もそれに応じて拡大を続けているのではないだろうか。

遠い未来においては、あらゆる仕事が完全に自動化され、人が仕事に従事しなくても済む未来が実現するかもしれない。しかし、少なくとも今後数十年という単位で見れば、多くの領域では人と機械との協働が進展しつつも、直接的な価値創出に貢献している人たちの仕事が不要になることまではないだろう。

こうした人たちの仕事を大切にせずに、グローバルプラットフォーマーが富を独占するような社会は、望ましい社会とは到底呼べない。大企業の管理職や専門職だけが経済を支えているという考えも実態にそぐわない。そうではなく、一部の人たちが生み出す画期的なイノベーションと、多くの人々による日々の小さな仕事は車の両輪なのである。

そして、こうした小さな仕事を積み上げたものがマクロの経済となる。経済とは、小さな仕事の積み重ねなのである。

第2部　「小さな仕事」に確かな意義を感じるまで

「小さな仕事」に確かな意義を感じる

ここまで、様々なデータから、定年後の仕事の実態を明らかにしてきた。データから浮かび上がってきたのは、小さな仕事に対して確かな意義を感じながら前向きに働く人々の姿である。

人生100年時代と言われて久しいなか、定年後のキャリアに対して世間ではどのように受け止められているだろうか。

世の中の議論をみてみると、定年前に入念に準備をすることで、輝かしい仕事を手に入れた人たちの姿が話題にのぼっている。また、これとは対照的に、定年というイベントを境に仕事に対するモチベーションを失い、定年後のキャリアを無為に過ごす人たちの姿もまた焦点となりやすい。

こうした人たちは確かに存在する。また、彼らの姿を描くことには意義もある。定年後の就業者が自らの能力を活かして思う存分に活躍している姿を描くことで、また定年後を虚しく過ごしている人たちの姿を描くことで、定年前の人たちにいま行動するときだと促すことができる。

ただ、データに照らして考えてみると、このような論調はやや実態とのずれがあるとも感じている。なぜなら、こうした考え方はいずれも現役時代の価値観に立脚しているものだからである。現役時代の価値観とはすなわち、高い賃金を得ることや、キャリアにおいてステップアップすること、あるいは、社会的に地位が高いとされる仕事に従事することなどを無条件に良しとする考え方である。

このような考え方を否定するわけではない。年齢にかかわらずいつまでも成長を続けられることはむしろすばらしい。しかし、こうした働き方だけを良しとする価値観は、時に「副作用」を引き起こす。定年後も現役時代と変わらずに大きな仕事をしている人たちの姿をみることで、自身の目の前にある小さな仕事に対して意義を感じられなくなる人がいる。定年や継続雇用などの社会制度に振り回されてモチベーションを失う人たちの姿をみることで、自身が意義ある仕事を行えないのは社会の仕組みのせいだと考える人がいる。

しかし、データから判明した事実は、このような人々の姿は定年後のキャリアにおいてはもはや「典型」ではないということである。

定年後の人々の状況は実に多様であり、定年前と全く変わらずに仕事ができる人もいれば、病気を患うなどして仕事をすることすらままならない人もいる。

こうしたなか、あえて定年後のキャリアの平均的な姿を描けば、体力と気力を中心に仕事に関する能力が緩やかに低下し、これに合わせて仕事のサイズが小さくなる。しかし、そうしたなかでも、目の前にある小さな仕事に対して確かな意義を感じていく。このような姿がむしろ定年後のキャリアの典型なのである。

定年後の新しいキャリアに向けたスタートをいかに踏み出すか

これまで説明してきたように、定年前のキャリアと定年後のキャリアには大きな断絶がある。多くの人は、定年に差しかかるなかで、他者との競争に勝ち残ることを目指す働き方をやめる。その代わりとして、身近な仕事を通じて人の役に立つことに徐々に積極的な価値を見出すことになる。

自身の生活を豊かなものにしたい。家族に良い思いをさせてあげたい。現役時代にこうした考えで必死に働いていた人が、第三者の誰かの役に立ちたいと言って仕事をするようになる。人に誇れるような仕事に就きたいと考え、自身のキャリアを高めるための競争に日々明け暮れていたような人が、仕事を通じて体を動かすことが楽しいと言うようになる。このような変化が、実際に起きているのである。

定年を迎えることに前後して、多くの人は組織内でどこまで昇進していくかという一世一代のゲームを降りる。そして、その後に、仕事を心から楽しめる定年後の新しいキャリアをスタートする。

図表2-1 **登場人物一覧**

事例	名前（仮名）	性別	年齢	現在の収入	雇用形態	入職経路
1	山村幸次	男性	64歳	400万円	契約社員	前会社からの紹介
2	谷雄二郎	男性	68歳	200万円	契約社員	再雇用
3	畠中雅夫	男性	71歳	150万円	自営（雇人なし）	そのほか
4	坂田奈緒子	女性	70歳	220万円	契約社員	広告
5	森永衛	男性	73歳	180万円	パート・アルバイト	広告
6	佐藤正昭	男性	75歳	140万円	パート・アルバイト	知人からの紹介
7	山本雅俊	男性	77歳	120万円	自営（雇人なし）	ハローワーク

それにしても、現役時代に続けてきた働き方や仕事に対する考え方を、人はなぜこれほどまでにもがらりと変えることができるのだろうか。本稿では、そのメカニズムを解明するため、定年後の就業者の事例とその実際の声を紹介していきたい。

紹介する方々は7名（**図表2-1**）。事例に登場する方々はいずれも組織のなかで正規雇用者として働き、定年後に収入水準を落としながらも、前向きに働き続けている方々である。本書で紹介する方々の事例は、データで見られた平均的な定年後の就業者像に合致する人たちである。つまり、現役時代にパートタイム労働者として働いてきた方、定年後にも高い役職に就き現役時代と変わらぬ仕事を続けている方などは、本稿で紹介する事例には含めていない。

また、この世代の方々は、フルタイムで働き続ける女性はまだ少数派だったという時代背景もあり、一名を除いて男性の事例となっている。データに即した平均的な事例に焦点を当てることで、定年前後における就業者の心の変化に着目しながら、現役時代からどのようなプロセスを経て、定年後の新しいキャリアへのスタートを踏み出しているのかを浮き彫りにしていきたい。

事例1　再就職先で一プレイヤーとして活躍

山村幸次さんは大学の土木工学科を卒業した後、技術職として日本国有鉄道に入社をした。国鉄では新幹線の線路敷設に携わる。当時は上野・大宮間の線路の敷設がまだ行われておらず、東北新幹線に乗る際には大宮発という時代であった。山村さんは上野・大宮間の線路、高架橋の軀体工事の現場監督として仕事を行った。

入社して数年後、国鉄が民営化されＪＲへと変わるタイミングで、山村さんは会社を退職することを決める。民営化で首都圏の業務に限定されてしまうと、新規の工事の枠が小さくなり、希望する部署に行けない可能性が高かったからだ。

「極論を言っちゃうと、もう民営化されると、たとえば駅そば屋とかキオスクとかああいう関連会社へ行かされるという噂もあって。まだ若かったので、逆に外に出たほうがいいだろっていう判断に回ったんです」

山村さんが次の職場に選んだのは、地元である栃木県の市役所。市役所に入った後は、下水道関係の課に配属になった。そのあと河川や道路分野の仕事を経験。途中で県への出向なども挟み、自身の専門分野を活かしながら地域のインフラの維持・整備の仕事に携わる。

「仕事をしていくなかで自分でも壁にぶつかったときもいくつかあります。たとえば、数日大雨で降雨量が増えてしまったとき、国交省の水門を閉められないかと。普通は一地方自治体の要請で国の管轄の水門の開閉をお願いするというのは難しいんですけど、粘り強く調整したら、『なんとか協力しましょう』と国も協力してくれた。工事を請け負ってる会社も感謝してくれて。大きな仕事を成し遂げたとき、やっぱり達成感もありましたね」

組織内での出世に関しては、当初から期待はしていなかった。それには、新卒採用が主流だった時代に、中途採用として入庁したことも関係していた。

「私が入った頃っていうのは地方自治体も保守的だったんです。『途中から来たやつはそんなに偉くなれないよ』って言ってる人が同じ大学卒の同僚にいて。酒席で『あんまり力んだってしょうがないから、いくらがんばったところでそんな上には行けねえんだから』とか言ってましたね。正直、当時は確かにそういうところもあったんだと思います」

山村さん自身、過去の例から考えても幹部職員にまでなることはないだろうと考えていた。ただ、その仕事ぶりが周囲からも認められる形で、50代では課長補佐として組織において重要な役割を任されるようになる。

「出世に関しては最初に言われたのもあるし、当然よそ者で入ってるわけですから。こんな駄目になった会社から受け入れてもらえたし、市には感謝してますし。そういうことは関係なく仕事は気持ちよくできればいいいって感じですね。だから、別に後からそういうのがそれなりに付いてくればいいかなっていう感覚でずっとやってました」

山村さんが課長補佐時代に苦労した仕事は議会関連の仕事。議員の先生方から議会の質問事項の通告を受けて先生のもとに向かい、市政に関する質問事項を聴取する。それをもとに市長や市の幹部が議会で答弁するための想定問答を作らなければならない。

「議員さんの対応は、結構大変でした。結局、悪い言葉で言うと忖度(そんたく)しなきゃいけない部分ってあるんですね。自分は本音で話したいんだけど、話せないことってあるじゃないですか、現実問題。議員先生の言うことに対して本当は違うんだよなって思いつつも、言葉を慎重に選びながらうまく立ち回っていく。だからなんなんだろう、そういうのはめんどくさいよね。要するにもう定年過ぎてからあと5年間そんな仕事の仕方をしたくねえなと、そういう思いもありました」

市役所の職員にとって市議会の議員たちは、民間企業でいうところの難しい顧客にあたる。市議会議員と市職員との適切な緊張関係があるからこそ、市政に市民たちの声が届くのであって、そうした関係性が行政サービスの質の改善に寄与している。しかし、それと同時にこの厳しい緊張関係は、働き手にとっては時に過大なストレスにもなりうる。

「仕事してても『今から来い』って言われれば行かなきゃいけない。それで行ったら行ったで、先生、先生と持ち上げないといけない。だから、そういうめんどくさだよね。先生の質問に対して、対応する課の課長が『うちじゃねえ、そっちでやれ』とか、そんなやり取りもあります。内部の関係者と調整しながら、それをうちの課長にも説明して、うちの課長はうちの課長で『向こうの課に押し付けてくれよ、なるべく』とか言うし。本当に大変でした」

山村さんが定年後に入社した会社は、県の水道事業の委託先の会社。定年を機に、市からの斡旋を受けて再就職するに至った。仕事の内容は、下水道関係のトラブルを現場で解決する仕事であった。

「今は県の下の水道関係の会社で働いてます。もう4年目ですか、60歳のときに再就職しましたので。いまは毎日現場ですね。下水が詰まったとか、臭いがするっていうと行ってみたりして。毎日そんな感じで過ごしてます」

下水が臭うなどのトラブルについては、まずはどこに問題が生じているのかを検査して確認する。問題箇所が特定されたら、その程度によって自身で作業をして直すか、それとも業者に頼むかといった対処方針を決めることになる。自身で作業する場合は、枡を開けて臭気を止める装置をセットしたり、マンホールの周りの舗装が壊れてるときには薬剤を用いて養生したりする作業を行う。

「作業の時に、力仕事が必要になることもあります。ただ、そこは2名態勢で行くことが多いので、もう一人の同僚がやってくれることが多いですね。そういう点では楽です。どうしようもないときは『すいません、開けてください』ってなるけど、基本的には率先して動いてくれるような人が多いんで。車の運転も彼らがやってくれます。市の時は自分でしなきゃいけなかったんだけど、そういう配慮もありがたいですね」

現在の仕事では、無理なく働くことができていると同時に、日々のやりがいを感じながら働けている。これまでの経験から、業者の方々との専門用語でのやり取りも支障なく行うことができ、自身が持つこれまでの知識のなかで仕事ができるということも大きい。

「今の仕事はとても楽しいです。まぁ苦情言われたりすることもあるんですけど、でも対応した後、なんかお礼の電話をもらったり。そういうときかな、仕事をしていてよかったと感じるのは。あとは、うまくいってその場で、『良かった、ありがとう』って言ってもらったときですかね。そういうときはやっぱり、なんでも結果がすぐ出ると人間ってうれしいじゃないですか」

定年を迎えて再就職先を人事から紹介される際、役付きの仕事に就かないかとも打診を受けていた。

「今は経験職員という立場です。一応、最初に言われたのが、なんかちょっと偉い、だからその分給料が少し高いんだと思うんですけど、そういう立場も選べたんです。ただそっちはやっぱり、給料高い分、なんつうの、仕事が大変なんだよね、きっと、想像したら。そっちのほうにも行けますよって言われたけど、いいですって。もう一人、市役所で仲良かった人と一緒に入ったんですけど。その人と2人で、『もういいよな、今更な』とか言って、『現場あったほうがいいよね』『じゃあそっち行こ』って選んだんです」

当時の選択が正しかったのかどうか、今となってはわからない。ただ、少なくとも現在の仕事で満足して働けているということは、山村さんの言う通り事実なのだろう。現在の会社では70歳まで継続して働くことができるため、今の仕事で働ける限りは働き続ける予定だという。

「今の仕事は、一日の仕事が終わればもうそこで仕事は終わりです。市（役所）にいたときみたいに、次の日まで持ち越して悩むことは一切ないですね。そこがすごくいいんです。そういう意味ではとても気楽ですよ」

事例2　週末勤務で会社を支える

谷雄二郎さんは、秋田県出身の68歳の男性。もともと学校での勉強は好きでなかったが、幼少の頃からモノ作りが好きであったことから高等工業専門学校の機械工学科に進む。その後、東京に出ていきたいという思いもあり、工場勤務が想定されている製造業の会社ではなく、かつ機械関係の知識も活かせるメーカー系列の自動車販売会社に1970

年代に就職することになる。

メーカー系列の会社ということで、当初は本社と機械の知識を活かしながらやり取りする仕事かと思っていた。ただ、当時は社内で営業が圧倒的に足りない状況であり、営業職として仕事を始めることになる。最初は意に沿わなかったものの、上司や同僚にも恵まれ、営業がやりがいのある仕事となる。

「仕事はきつかったですが、景気がよかったので給料が毎年上がっていくんです。そこからバブル期に移行し、いい思いもさせてもらいました」

40歳の手前で営業チームのマネジャーに抜擢され、仕事の責任は一層増した。3年後、本社に戻され、中古車を売り捌く部署の責任者となった。中古車販売の利益は下取り価と売価の差が大きいほど高くなるが、売価を上げすぎると、新車が売れなくなり、自動車会社としての利益がしぼんでしまう。それを防ぐため、上層部との調整が不可欠だった。

「仕事内容は正直言うときつかったです。仕事である以上、成果を挙げなきゃいけないですよね。私の場合は、下取りした中古車をどう流すかっていう仕事ですが、利益が上がってこなきゃしょうがないわけです。でも台当たりの利益を上げたばっかりに、量が減っても、これはめちゃくちゃ言われちゃいますし」

下取り車の数は月によって大きくばらつく。ある月は利益が少なく、ある月は多い、となりがちなので、数字をならさなければ経営の健全性が保てない。それを調整する過程で、経営と現場の板挟みになる場面が多く、心労は絶えなかった。

「メーカー系列なので上の人もいろいろ変わるわけです。毎月目標の数値を達成するためには平均でならさなきゃいけないんですけども、いろんな上の人がそれを見ています。来月、再来月やばそうだからって、ためとく指示をするときもあるんですがそうすると『金になるのに、なんでためとくんだ、早く流せ』ってことで、もう非常に、叱責する方もいます。なんとか摩擦が起きないようにやりましたけども、そういう人たちとの折衝は何よりきつかった。なかなかわかってもらえないもんですから。長くやってる人だったら、理解してもらえるんですけども、上の人がちょっと来てまたすぐ離れて違う人が来るので」

「現場だって大変なわけです。最終的には高く売りたいから、綺麗にしていろいろ手を入れて、時間をかけて丹念にやります。それでやっとできたってときに、『2ヵ月前に入った車なんだから、早く現金化しろ』って、私が言うわけです。そうすると店長さん、怒りますよね。でも、なんとか頼むってことで。会社を順調に回して利益を上げていく。それはそれは苦労しました」

「でも、仕事はきつかったんですけども、1ヵ月で締めてみると、なんとかそこそこはうまくいって。うるさく言われた上の人にも後から、『うまくやったな、ありがとな』って言われるわけです。まぁなんとかできたのかなっていうときの達成感は、やっぱり大きかった」

55歳のときに役職定年を迎え、同じ部署で働き続ける。別の部署から異動してきた上司はその仕事が未経験だったため、役職を外れても谷さんの仕事内容はこれまでとあまり変わらなかった。

60歳で定年となり、再雇用で週5日同じ部署で働くことに。66歳からは半年更新という雇用形態で、店舗が忙しい金曜、土曜、日曜の週3日勤務となり、いまに至る。仕事内容は定年前の59歳から大きく変わった。数百ある全国の店舗から送られてきたデータをもとに、中古車を査定し下取り価格を設定する。お客様が待っているので、値付けの理由とともに、数字をすぐに返す必要がある。給料は大きくダウンした。

「そんなに難しい仕事ではありません。毎日多くの件数をこなさなければなりませんが、これでお金をもらっていいのかと思うくらいです。上司との難しい折衝なんかもありませんしね。勤務日数もいまは金土日と祝日だけの出勤です。要するに、忙しいときだけ。でも、私が仕事をしているから若手や中堅の従業員が休日にゆっくり休めて、家族との楽しい時間を過ごせるんです。だから、私の仕事はとても意義がある仕事だと思っています。休息時間に同僚と話すことも楽しいですよ」

「給与に関しては、私の父が地方公務員だった。だから、生涯ずっと上がってくんじゃなくて、必要なとき、要するに子育てで金かかるときに一番上げて、子育て終わったら下げていくんだって、親父から聞いてたもんですから。そういうものかと、頭にあったもんで、特に不満っていうのはなかったです。そういうものだと思ってました」

一方で、仕事の創意工夫は怠らない。たとえば、下取り価格決定のプロセスは担当者の暗黙知になってしまいがちだが、それを明らかにするようにした。

「どんなデータや情報を参考に決めたのかという記録をすべて残すようにしたんです。後進のスキルアップに使ってほしいと考えました。パソコンのサーバーの容量が少ないから無理だと会社には言われたんですが、私が何度もうるさく言ったので、できるようになりました」

55歳で役職定年となった。手当が減り、賞与も目減りした。そうしたなか、谷さんにも、ある時期までは出世して偉くなりたいという希望もあった。

「『可能性はいくらでもあるよ』と周りからも言われ、自分もその気になりました。でも、40代後半になると、自分の能力はこんなものだと徐々にわかってきます。そのときに考えが変わりました。上を目指すだけが仕事ではないと。仮に2週間、私が休んだら、この仕事は廻らなくなってしまう。そういう重要な役割を自分は担っているのだと思うようになりました」

再雇用で同じ仕事に就いた人のなかには、言われたことをマニュアル通りにやる人もいた。谷さんはそういう仕事の仕方だけはしたくないと考えている。

「ほんとに言われたことだけをやって、何も考えないでマニュアル通りやってたらろくな仕事はできなくなると思います。そういう人もいるんです。しかも、昔、僕よりもずっと上の立場だった人が。それを見てるとなんて情けないんだと思って、ちゃんと考えてやりなさいよって。私からは言えないんですけどね。そんなことやってて、仕事つまんなくないのかなと思います」

いまと同じ働き方は70歳まで可能で、少なくともそのときまでは元気に働きたい。経済的な事情もある。現役時代には子供のための教育費など出費が多く、十分な貯蓄ができなかった。40代で購入した都内の住宅の残債も残っていたことから、退職金も住宅ローンを完済するために充当した。現在の貯蓄は1000万円弱。勤め先からの収入と年金を合わせると月におよそ30万円を超える収入になるため、現在もなお貯蓄を積み増している。ただ、体力は60代半ばを過ぎると明らかに落ちた。

「まだ両親が健在で、毎週休みの日に介護のために家に帰っています。それと私は腎臓が悪くて、定期的に通院をしています。なので、週に4日休めるのはとても助かっています。経済的にゆとりある生活をしようと思うと働けるうちは働きたいですが、そのうち体力との相談になるでしょう」

事例3　包丁研ぎ職人を目指して独立

畠中雅夫さんは大学を卒業後、大手住宅メーカーに就職。住宅営業の仕事に携わる。初職の会社では、一般の人が休んでいるときに仕事することが当たり前であった。顧客最優先の仕事であることからどうしても日々の勤務時間は長くなり、本来ならば会社の休日である水曜、木曜も出勤することが求められた。仕事と生活とのバランスを取りたいという考えから、入社4年後、異なる業界に飛び込むことを決める。

「誰もが知っているハウスメーカーに就職できたということもあり、やる気がありました。ただ、社会に出て実際に仕事をしてみると、自分に合ってるのかどうか思い悩むことが時間を追うごとに増えてきまして。今では業界もだいぶ変わってきましたが、当時は業界の慣行とかやり方っていいますかね、変えられない部分が多いなって思ったんです。そこに一生付き合うのは無理だと思って、そしたらもうやる気もなくなってきて。これはもう違う職に就こうというのが、その頃の気持ちの持ち方です」

次の仕事に選んだのは、日本でも有数の学生数を誇る関西の私立大学職員。営業職として仕事をしてきた経験から、大学の学生募集の仕事に携わる。具体的には、高校の先生方と良い関係を築きながら推薦入試の調整をしたり、高校生に対して大学の説明会を開くことでより多くの優秀な学生に大学に対して興味関心を持ってもらうための仕事だった。

「高校の学生さんにどういった形でアプローチするかを割と長いスパンで計画を立てる。それである程度多くの人を相手に話をするっていった仕事が、やってて面白いなって思いました」

途中、東京事務所への転勤なども挟みながらも、学生への営業の仕事を継続する。畠中さんは現役時代を通して意欲をもって仕事をしていたが、結果として管理職に就任する機会はなかった。

「私たちの大学では対外的には部長・課長があって、その下にたとえばプロジェクトマネジャーだとかリーダーだとかはあるんですが、正式な学校内での役職は部長と課長のみです。だから、いわゆるプロジェクトマネジャーにはなったんだけど、それは正式な役職ではないです。ある程度のキャリアがあったんで周りの人たちを指導する機会もありましたけど、いわゆる管理職としてではなかったです」

学校での定年は60歳。定年を迎えた後、65歳まで再雇用で勤務した。再雇用のときの心境を振り返ってもらった。

「学校の仕事は、60歳過ぎてからは割と自由にやらせてもらいました。その時もどうせやるんだったら65歳までの5年間、なんていうのかな、終わりが決まっていたのでもう腹をくってやってこうかなっていうことで。自分なりに充実感を持って仕事をしたいなと思ってやっていました。一日のサイクルのなかでできることに日々取り組んでいましたね」

再雇用の5年間は、彼なりに学びがあった。職場にいる同僚とのかかわり方も、時の経過とともに変わり、職場で様々に工夫を行うことになる。同僚との接し方については、役職を解かれた後のほうがむしろ難易度が高いと感じた。

「職場での立ち振る舞いというところは、いったん定年を終えた後の身の処し方として一番難しいところじゃないかと思います。基本的には、自分の仕事をしっかりやるということに尽きますが、そのなかで後輩に何か伝える必要が出たときには、対等な関係のなかで説得力のあるものをどれだけ伝えられるかなんですね。そんな観点が欠けてたのかと気づくような中身をどれだけ提供できるかだと思います。聞いてもらえないのであれば、それは中身が伴っていないからです」

「管理職であれば一定の権限を付与されてるから、発言にあまり中身がなくても、メンバーはいやが応でも従うんです。でも、我々はもはや純粋に中身でどう相手にありがたみを感じてもらえるかしかないですよね。逆にＩＴに関することだとか、そういうことは新しい世代から教わらないといけない立場ですので。そんな感覚でやっていました」

再雇用を終えた後に選んだのは自営の仕事である。現在は自宅で包丁研ぎの店を営んでいる。再雇用の終了を機にかねてから興味を持っていた包丁研ぎの仕事へと、大胆なキャリアチェンジを図ったのは、シルバー人材センターで受けた講習がきっかけだった。刃物店が主催するスクールに2回ほど参加し、ほどなくして独立をする。

ハローワークで探したパートの仕事を挟み、いまでは包丁研ぎの仕事に専念している。週3日、自宅前に看板をかけ、ホームページも作った。

「包丁研ぎの仕事は誰にも雇われず、自分一人、やりたいようにできる、という点に魅力を感じていました。独立するまでは、依頼があればやるという形で、腕を磨きつつ、独立に備えていました」

「私はずっと仕事を理由に、地域でのサークルとか何も入ってないんですね。今ではシルバー（人材センター）に入って助かってますけど、当時は自分としてそれでやっていけるかどうかってところが自信がなかったんです。だから、毎日じゃなくても何か仕事には関わっていきたいなという部分があったんです。友達にはテニスとかダンスやったりマラソンやったりとかそういうのが好きな人はいるんですが、私はあまり得意なほうじゃないですし。なので、やっぱり一人でのんびりやっていける仕事がいいなと思って、包丁研ぎの仕事はそういう意味でも自分にはあってるのかなっちゅう部分がありますね」

仕事がない日は、どのように過ごしているのだろうか。

「パートをやってたときは、パートに行ってないときに包丁研ぎをやってという感じで過ごしてました。今はそれなりにお客さんもついてきたので、パートの仕事は辞めてます。仕事がない日は持病があるもんですから通院にあてたり、あとはのんびり街中を歩くとか、遠出して買い物したりとか、そういうような形で時間を使ってますね」

事務仕事よりも現場に近い仕事をやりたいという気持ちは、畠中さんが持っている気質に加えて現在の体調からくるものも大きい。

「あまりパソコンに向かってやる仕事をずっとやりたくないんです。それこそもう目が疲れてしんどいので。50代ぐらいから、やっぱりパソコンがどう考えても大きな要因だとは思うんですが、目がつらいんです。もっと言うと、やる前から何か目が重いなとか、だるさを目の回りに感じるとかそういう変化を感じるようになって」

「意図的に、1時間に1回遠くを見るだとか、あるいは目薬を差したりとか。そういうルーティンでごまかしごまかしでやってる感じですけど。事務仕事が多い日になるともう午後になるとほんとにつらくなってきます」

包丁研ぎの仕事の魅力はなんだろうか。畠中さんに聞いたところ、次のような答えが返ってきた。

「今は目の前のお客様がすべてです。包丁をお預かりして研ぎ、完了したら、研いだ箇所と研ぎ方を説明してお渡しする。それで終了するので、気分的にはとても楽です。丁寧に研いで一本当たり1時間かかります。種類によって研ぎ方が変わり、切れ味はもちろん、光沢も全く別物になります。それがとても楽しい。仕上げ品を直接手渡して、お客様に喜んでもらえた瞬間は最高です」

事例4　近所の学校で補助教員として働く

坂田奈緒子さんは現在70歳の独身女性。私立大学の教育学部において小学校の教職課程を修了したが、卒業と同時に一念発起をして海外へ留学し、帰国後は外資系企業で働く。最初の会社は、輸入建材を売るフランス系のメーカーであった。入社後4年ほどでフランス側が資本撤退したことを機に転職。アメリカ系の化粧品会社に移ったがその会社も5年ほどで退職、37歳のときにフィンランドの製造業の会社に入社し、同企業で定年まで働くことになる。

3社目の企業で坂田さんが担当していた商材は、紙パルプ製造設備。同社が製造している大規模設備について、大手製紙メーカーの生産現場に営業をかけ、受注を得る。その後は、本社工場から納入先企業の工場に納入を行う。日本支社にはごく限られた人員しか割り当てられていなかったこともあり、営業から納入までの仕事を一貫して担当してきた。

「紙パルプ製造設備一式を扱ってました。日本支社は決して規模が大きくありませんので、最初のほうは社長の補佐として、広報から人事、経理、マーケティング、販売、全部やってました。ただ、だんだん人員も拡充するなかで私の仕事も集約されてきて、最終的には営業部に所属することになったんですね。最後の10年間は完全に営業職で、だから北から南まで数多くある工場、製紙会社の工場に物を売り歩くという、そういうことをしてました」

「何よりうれしかったのは、男性と肩を並べて仕事ができたということです。当時は女性というだけで仕事をさせてもらえない企業がほとんどでしたので。会社のおかげで様々な仕事を経験できたし、任せてもらえたっていうのが私の誇りでした。大きな決断しなきゃいけないこともありました。もちろん最終的には上司に相談してイエスかノーかを判断するんですけれども、自分なりにこうだからっていうことを説明して承認をもらってっていう、そういう仕事はとってもやりがいがあって、面白かったです」

製紙メーカーの生産設備の構造は非常に複雑であり、営業の仕事は決して簡単な仕事ではなかった。パルプチップを砕いてから紙にするまでの工程において様々な設備が存在しており、それぞれの設備は多数の消耗品や部品で構成されている。生産設備の全体像をつかんでいなければ商談にはつながらない。

「私は詳しい技術的なことはよくわかっていなかったので、ものすごく勉強しました。自分で勉強したり、人に聞いたり、いろいろ書物も読んだり。私が担当していた部品や消耗品においても技術的なことが理解できていないと、お客さんに説明もできないし、自分自身も納得できないので。でも勉強すればするほど面白さが増して、お客さんも説得できるようになるとさらに面白かったですね」

当時在籍していた会社の定年は60歳。定年後は再雇用の道も残されていたが、坂田さんは再雇用の期間中に別の道を探すことになる。他企業を探したのは、定年後の契約において、仕事の内容と給与面の兼ね合いに疑問を感じたことが直接的な要因となる。

「定年後は1年間契約期間を延長したんですけれども、お給料が半分ぐらいに減っちゃうんですね。同じことをやってて、なんで半分に減らされるのかと。確かに年齢とともにパフォーマンスが下がる人も多くいます。でも私に関しては、年間の売上目標とかは必ずクリアしてたんですね。退職後も目標額をクリアしてて、それでもボーナスはそんなに多くなくて、ちょっと納得できないなって思って。上司に交渉もして、上層部にまで交渉したんですけれども、『社内の規定だから、あなただけ優遇するわけにいかない』ということでしたので、じゃあほかの道を探そうということで」

再雇用の期間中に、市の広報で小学校の非常勤教員を募集していることを知り、応募したところ採用に至る。自宅から徒歩5分の学校であり、産休育休代替教員として学校の教務を補助する仕事であった。

給与水準は高くはないが、補助教員ということもあって一日の労働時間は4時間ほど。仕事の内容は、生徒の補習や採点業務のほか、小学3・4年生の算数のクラス別教室の授業も引き受ける。

「今の仕事は一日4時間で週5日の勤務です。翌日の準備があったり、採点があったりするので、一日5時間弱ですね。でも長くても5時間ですから、働いた後で自分の自由時間もあるじゃないですか。それがすごくいいんです。常勤の教員の仕事は本当に大変なので、この年齢でフルタイムの仕事をしろといわれても、さすがにもうそこまでの気力はありません」

「子供と接していてとてもかわいいし、やりがいもあるし、少しは社会のためになってるかななんて、自己満足なんですけれどもそんな気持ちです。教職っていうのはちょっと飛躍して言えば、将来の日本を背負っていく子供たちの教育に携わっているので、自分の教え子たちが将来、なんていうのかしら、日本を背負っていくような人間になってくれればいいなんて思ってまして」

坂田さんは生涯独身。現役時代に貯めたお金もあり、老後資金には苦労していない。当初はここまで長く働き続けるとは想定してこなかった。定年後も働き続けることについて、現在ではどのように考えているのだろうか。

「当初は、営業を長くやってきましたので、もうそろそろいいかなという気持ちはずっと持っていました。結果的に今70歳でもまだ仕事してるんですけれども、私もこんなに長く働くとは思ってもいなかったんですね。もう定年になったらさっさと辞めて、今までできなかったこと、たとえば読書をしたり、旅行したりとか、好きな生活をしてみたいとずっと夢見てたんですよ。ところが定年後に新しい職場で働いてみると、面白かったんですね。それから仕事の合間に旅行したりもしてましたけれども、やっぱり仕事できる期間っていうのは限られてると思うんです。今70歳で、まだ働いてるって信じられないんですけれども。仕事できる間はできる範囲で仕事をがんばってみて、その後に自分に対するご褒美っていうのがあってもいいのかなと思ったんです」

現在の生活は仕事が引き続き結構な部分を占めているものの、趣味に関する活動も欠かさずに行っている。

「スポーツジムには週4日、平日の夜に通っています。私、体力がすごくあって、学生時代テニス部のキャプテンやってたんですね。それから楽器でフルートも習っています。これは、最近始めた趣味です。月1回なんですけれども、時々練習したりもしますね。あとこれも最近になって短歌の会に入って、それも月1回の会があるんですけれども、短歌を作ったりとか、批評会をやったりとか、そんなことでプライベートは充実してます」

事例5　同僚、患者とのやり取りを楽しむ

森永衛さんは高校の普通科を卒業した後、中堅の印刷会社に入社。入社から数年は工場内の発送業務を担当する。具体的には、印刷物をそれぞれの納入先に振り分け、伝票を切って、その印刷物を配送するトラックの荷台までフォークリフトで運び、積載の手伝いをするといったようなことまで行っていたという。しばらく発送の仕事をしていたが、じきに工場全体の印刷の采配をする仕事に変わっていった。当時の工場長が森永さんの仕事ぶりを高く評価、30代半ば頃には当時の工場長が本社で常務に昇格し、それに合わせて森永さんも本社勤務への辞令が下ることになる。

「発送という所から今度、用紙係っていうのをやらされたんですよ。工場の用紙係っていうのは出版社が用意した紙をいついつ印刷するから工場に入れてくれとか、紙の手配っていうのをやったんですよね。そういうなかでそれまで工場全体で無駄がいっぱいあったんですが、その無駄を自分が省いたことによって工場の経費が年間で1000万円か2000万円ぐらい浮いたっていうのがあって。工場長があいつなかなかやるなって認めてくれたんですよね」

本社に異動した後に、配属になった部署は購買。建屋から紙やインクなどの物資を調達するのが主な仕事で、自社ビルや自社工場のメンテナンスを行うなど総務関係の仕事も担当した。40歳頃には課長職に昇格し、部下をもって仕事も順調にこなす。

「その当時は右肩上がりでしたね。どんどんやる気が出て仕事も楽しくて生き生きしていました」

しかし、好事魔多し(こうじま)で50歳を過ぎたときに癌が発覚する。初期のフェーズだったため事なきを得たものの、仕事は2ヵ月ほど休職することになった。仕事のほうも病気になるちょうど直前に、本社から工場に異動となる。

「それがちょうどタイミングがよくて、そのまま本社にいたら自分がいくら仕事で酒飲みたくても飲めないわけ。本社だとそういう場に出ないわけにいかなかったかもしれないけども、工場勤務になったんでそういう場はだいぶ減らすことができたんですよね」

工場に戻った後は管理課長に就任。工場内の業者の出入りの管理や、建屋から機械などのメンテナンスが所管で、本社時代にやった仕事の延長で病気があるなか、すんなりと働き続けることができた。まもなくして、会社の規定により58歳で役職定年となり、平社員に戻った。

「仕事はすぐには変わんなかったけども、後任の課長が来てからの仕事は気楽でしたね。課長にもう全部自分の今までやっていたことを任してね。その分給与は大きく下がりましたけどね。工場だから8時始まりの5時終わりだけども、もう60歳からはトラブルがあったとき以外は5時にはぴたっと帰っていましたね。65歳までは週3日、自分の好きな日に行って働けて、それと同じパターンで、継続して働きました。その合間に自分の好きなことができました」

会社での継続雇用を終えた後、森永さんが選んだ仕事はデイサービスの送迎ドライバーの仕事。正運転手と2人態勢で運転業務を行っており、週5日勤務で日当は8000円ほど。日々の仕事は、まずは8時に出勤し、そこから10時30分までの間、患者の自宅から施設への送迎を行う。昼は自宅に戻って好きなことをした後、午後は15時に施設に赴き、患者を自宅まで送迎し、夕方の5時には仕事を上がる。同僚である正運転手や患者とのやり取りも日々の楽しみの一つ。仕事を通じて、地域住民とのつながりもできた。

「この仕事はネットでたまたま見つけたんですよ。退職後、どういう仕事があるのかなと思ってネットの求人を見ていたら、うちのすぐ近所の施設がでてきたもんで、ここなら歩いて5分もかかんないでいいなと思って。送迎の際に地域の方々と話すのが楽しいですね。一緒にやっている正運転手の人も結構いい人で。その人は私よりちょっと下の年代の人なんだけど、土曜日にはパソコン教室の先生やってます。自分がやっている仕事でもたまにパソコンいじる場面があるんですけど、隣でパソコンのやり方を教えてくれるんですよね」

現在の働き方が、森永さんにとってはちょうどいいのだという。現役時代のように仕事でステップアップしてより高みを目指していくという考えもあまりない。

「さすがに加齢とともに体力がすごい落ちてます。物覚えは悪くなるし、手先も昔はすごい自信があったんだけど、今はだいぶ不器用になってきました。病気になってから徐々に回復していったんだけども、あれ、もうこれ以上いかないなと思って。これはやっぱり加齢のせいでもうここまでしか戻んないんだって、気づいたのがいくつだったかな。60歳過ぎのときに思ったんですよね」

「もう仕事で責任を負うのは嫌ですね。今も補助運転手だから気楽にできるっていうか。これ正運転手だったら自分は働いてないですね。だから一緒に働いている正運転手の人にもいつも言っているんだけど、あなたが辞めたら私、一緒に辞めますからねって。私、正運転手はもうやりませんって。勤めている施設のほうにも言ってあります」

森永さんには仕事のほかにも熱中できる趣味がある。魚の調理が好きで、釣りに遠征行くことが趣味であることから、自分の自由に使える時間があることは何より大切だという。収入に関しては、年金が一月当たりおよそ18万円で、それに仕事が日当で1万2000円出る。仕事は週3日なので月に15万円ほどの勤労収入となり、妻は働いていないが年金と合わせれば家計は十分な余裕がある。仕事で得る給与は現役時代から比べると微々たるものであるが、この15万円という額がとても大切な収入なのである。

「料理が好きっていうか魚が好きなんで、よく川や海に釣りに行って、魚を釣った後自分でおろしてお酒のつまみを作ったりだとか、そういうのもよくやりますね。仕事は少なくとも75歳くらいまではやりたいなと思っています。やっぱり金銭的なこともありますよね。孫だとか何かにいろいろお金がかかるもんですから。年金だけで暮らしていくとなると、今の生活をあらためないといずれ貯金が底を突くんじゃないかなっていう心配もありますから」

事例6　幕僚監部から看護師寮の管理人に

佐藤正昭さんは防衛大学校（防大）を経て自衛隊に入隊した。最初の1年間は幹部候補生学校で過ごし、卒業した段階で、自衛官として任官する。肩書は尉官で、通常の軍隊でいう少尉だ。

練習部隊に入り、国内を巡り、海外へも出た。帰国後に配属先が決まる。いくつかの部隊で活躍しながら、42歳のときには、80名程度で構成される部隊の指揮官に抜擢される。

「単独行動を旨とした部隊で、指揮官にすべての責任がかかってくる。初めての指揮官配置ということで、その職に就けたことは本当にうれしかった。自衛官たるもの指揮官配置は特別ですから。とても誇りに思いました」

その後、幕僚監部（参謀部）に異動し、予算作成や次期防衛計画、武器の開発要望書の作成に携わる。政府との折衝が不可欠で、官僚との丁々発止のやり取りを繰り返す。しかしその後、防大の教授となって戦略を講義せよという意に沿わぬ人事が来た。

「指揮官配置を終わった後、幕僚監部として勤務しました。聞こえはいいですが、自分の思ったとおりにいくような仕事ではありません。現場からの要望がありますが、大蔵省に新しい要望を認めさせるのはそう簡単ではないです。妥協しなきゃいけないところはいくらでも妥協しなきゃいけない」

「それが終わった後、実は自分が希望してなかった防衛大学校の教授の配置に行ったんです。全く自分では想定もしていなかった人事でした。これでラインを外れちゃったなと。順調に出世していると思い込んでいたのですが、出世レースの一番手ではなかったとにここで気づきました」

ところが、防大に赴任してみると、学生との交流が案外楽しかった。海外の軍隊の教官を多数招聘して行われた士官学校サミットの企画運営にも携わる。防大での2年間を経て、再び指揮官として情報部隊に異動する。任されたのは情報部隊の再構築。コンピュータを使った情報システム構築は随分やってきていました。自衛隊での仕事の総仕上げだと思い、2年間、一生懸命取り組んだ。

60歳で自衛隊を定年退職し、晩年の情報部隊在籍時に付き合いがあったシステム会社に先方から請われて再就職する。肩書は顧問だが、決まった仕事はない。自衛隊と契約して仕事をしているわけだから、情報セキュリティは盤石だろうと思っていたが、確かめてみると、脆弱そのものだった。このままだと自衛隊との仕事もできなくなると社長に直訴し、改善のための権限を与えてくれるように頼んだ。

社長は申し出を快く受け入れてくれた。全社のセキュリティ体制をゼロから構築し直した。監査員の国際資格を自ら取得、毎年監査を行い、穴が見つかったら改善するところまでやり切った。年金支給が始まる63歳までは正式な顧問として毎日出社し、それ以降は非常勤で週3日勤務であった。

佐藤さんは現在75歳になる。システム会社を65歳で退社した後、自衛隊の先輩から紹介を受け、病院の女性看護師寮の管理人として働いている。早番、遅番、宿直に分かれ、週3日勤務というサイクルで仕事を行っている。具体的な仕事は寮の出入管理、ゴミ出し、清掃、宅配物の取り次ぎ、施設の点検や不具合の発見などである。

「看護師さんの仕事っていうのは大変なんです。勤務時間も不規則で夜中に出てって朝方ふらふらになって帰ってきます。そういう仕事を本当に若い未婚の方々が一生懸命やっておられるのを見て、これはなんとか少しでも支えてあげたいなと。そんなに十分なことできるわけじゃないんですけども。特に昨今の新型コロナの状況になりますと、彼女らは非常に大変ななかで一生懸命やっておられるわけです。だから、なんとか気持ち的にも支えてあげたいなと考えてやっています」

自衛隊、防衛省などで勤務していたときと比べれば、現在の仕事は決して難易度が高い仕事とはいえない。しかし、現在の体調などを踏まえると、このくらいの仕事がむしろちょうどいいという。

「今の仕事はこれまでのように自分の能力をフル活用する仕事ではないです。時間と体力さえあれば楽勝です。職場が家から自転車で5分と通勤が楽で、自分の時間も十分にあります。もっと手応えのある仕事を選ぶっていったら、また通勤も大変になるでしょう。新しい仕事を覚えるのももうどうかなとも思います。できるだけ今の仕事で体力の続く限り続けていきたいなと」

佐藤さんは自衛隊在職時から糖尿病の持病を持っている。それに加えて、体調面での衰えも感じている。

「指揮官の仕事というのは数十名の命を預かる仕事ですから、その時のストレスで糖尿病を発症してしまいました。食事で取ったカロリーを運動で消費しないと糖尿が悪化します。なので、今後も仕事は自分の健康のためにもやっていきたいと考えているんです。プライベートも含めて日々のウォーキングは一日合計で1万5000歩ぐらいいきますね。体調面の変化でいえば、最近は記憶力の衰えも感じています。耳も遠くなって補聴器が必須。人とのコミュニケーションに困難を感じています。特に女性の声は高いもんですから何度か聞き返すこともあります。唯一、気力だけは健在ですね」

自衛隊の最高位クラスの幹部から地域の寮の管理人へ。仕事上の地位について、いまの佐藤さんには関心がない。どんな仕事でもそこで最善を尽くす。これには自衛隊時代のある上官の教えが影響している。

「私が若い頃にある指揮官から受けた影響が一つありまして、自衛隊っていうのは防衛省、つまりお役所の一貫です。要するにお役人に成り下がっちゃ駄目だよと。いわゆるお役人というのは、前動続行と言いまして、前の人と同じように行けば間違いない。だけど、それは違うと。前の人のやったことを乗り越えて、前の人がやらなかったことをおまえがやっていかなきゃいけない。着任して最初の半年はその勉強でいいけど、半年たったら次のステップに進むような新しいことを企画してやりなさいというのが、私が若い頃にある指揮官から教わったことです」

仕事の軽重にかかわらず、何かを付け加え改善していくことが、佐藤さんの働きがいだ。定年退職後に顧問として入ったシステム会社でも、頼まれたわけでもなく、セキュリティ体制を構築し直した。いまの寮の管理人の仕事でもそうだという。

「必ず次の配置に行ったら、今この配置で足りないものは何かを探しながらやっています。そういう部分が見つかったら、よし、ここは私の力でなんとかやってやろうという、それが私の生きがいです。今の仕事でも一緒です。あれをやっとけば環境が良くなるなとか、こんなことやったら看護師の方たちがもうちょっと住みやすくなるなとか。本当に細かいことなんですけども、自分なりに考えてプラスアルファの仕事を、決められたルーティンに加えて日々少しずつやっています」

プライベートで最近注力しているのは、自身が住んでいる団地の自治会の防災委員会の活動。自治会長の下の副責任者として団地の防災活動の企画と実行に携わっている。10年ほど前から関わっており、地域での活動に仲間と楽しく取り組むこともまた佐藤さんの生きがいの一つとなっている。

「自治会の役員が順番で回ってきて、これまでは全部家内にやってもらってたんですが、60歳を過ぎてから僕がやるよということで。自治会に出てったら、団地の防災がちょっと手薄だなと。役員としていろいろ訓練の計画を立てたり提案をしたりしてたら、だんだんみんなが『佐藤さん、佐藤さん』って言うようになっちゃって。地域には私と同じくらいの歳の方がたくさんいますので、話していると楽しいですね」

事例7　仕事に趣味に、人生を謳歌する

山本雅俊さんは都内の大学の経済学部を卒業した後、電気機器メーカーに就職した。入社後の配属先は調達部門、各種部品のバイヤーとして働く。数年たつと、外勤の仕事がやりたくなり、営業への異動を自ら申し出、希望がかなう。入社して5年が経過していた。

営業は約3年で担当地域が変わる。30歳のとき、地方の支社への転勤を命じられ、係長に昇進。その支社には10年間勤務し、課長になると同時に本社に戻る。45歳のとき、部長に昇進、新設された企画部門の責任者に抜擢される。山本さんのキャリアは順風満帆だった。

「当時の営業はいまと違い、顧客のもとを頻繁に訪れるといった体を張ったスタイルです。長年そんな仕事だけやってきた私に務まるのか、戸惑ったことを覚えています」

当時、言葉や記号をやり取りする通信と、動画などの映像は全くの別物と認識していたが、衛星放送に代表されるように、その二つが融合し、通信機能を使って映像をやり取りする時代が到来していた。そうしたなかで取り組むべき新事業を考え出さなければならなかった。難題に頭を抱えた。家電メーカーや通信機器メーカーを訪れ、最先端の話を聞かせてもらった。テレビ局の放送技術研究所にも何度も足を運んだ。

「自宅でみているテレビ映像と違って、リアルそのもの。こういう映像が自宅でみられる時代が来るのか、と驚きました」

成果が出ないうちに10年がたち、55歳で役職定年になった。給料の額は変わらないが、部下なし部長。仕事内容は営業で入社当時と同じような仕事に戻り、60歳で定年退職する。再雇用の仕組みは当時はまだ整備されていなかった。

「経費ばかりかかって実績がありませんので、なかなか大きい部隊にはなりきれずに終わってしまった。会社のルールで55歳までに役員にならなかった者は、役職定年で部長職を下ろされるわけです。役職定年になったときには、もう新企画の仕事から離れ、後任に仕事を託しました」

「給与に関しては、うちは組合が強くて。役職定年になっても、組合の定期昇給に我々も入ってますので、一般の社員がたとえば3％給料が上がれば、我々も3％上がります。そういう意味で気持ちは落ちても給料は上がったという不思議な現象があの時代にはありました」

当時、子供が二人いて、下が大学生。学費がかかるため、働き続けた。自分に合いそうな仕事を探したところ、銀行でお客様を投資信託の窓口に案内する仕事が見つかった。

「試験を2度受け、採用になりました。スーツにネクタイのきちんとした正装で、お客様に接しなければならない。身だしなみや礼儀については、口酸っぱく指導されました。今までに考えられないようなことを指摘されて、銀行ってやっぱりすごいなと思いましたよ。銀行では一番奥のほうに、必ず投資信託系のデスクがあるんです。銀行としては投資信託は手数料がとれるので、それに力を入れたいってことで。特別のお客さんって、銀行、奥のほうへ通しますよね。そこに私のような人が接客して案内すれば恰好がつくので」

「仕事の内容は接客ですね。金融の専門知識については質問されても詳しいことはお答えできませんので、その手前のところで接客の仕事をしていました。投資信託のことは一から勉強もして、若い頃のように新しいことをがむしゃらに勉強するというのはこの歳からは難しかったのですが、できる範囲で自分なりの勉強もしつつ、お客様の役に立てるよう仕事をしてきました。接客にあたっては、これまでの人生経験が役に立つことも大いにありました。銀行側もそういったところを期待していたんでしょうね」

雇用は1年契約で毎年更新していたが、70歳になると更新はない。そのタイミングで自宅を引っ越した。新しく住んだ場所の近くのハローワークに通ってみたところ、高齢者向けの仕事を紹介していた。市内の施設で、週3日、グラウンドや体育館をサッカーや野球のチーム、バドミントンサークルなどに有料で貸し出す手続きを行う管理業務がいまの主な仕事である。仕事がある日以外も毎日外出して趣味に勤しんでいるという。

「銀行の窓口の仕事は週5日勤務でしたが、もう毎日働くのはそろそろいいかなと思って。子供たちもすっかり手を離れてますから、お金も全然かからないですし。今の仕事はとても楽しいです。4人でシフトを組んで仕事を回しているんですけど、いろいろな年代のスポーツをやっている人と接することができるのがいいですね。自分自身も体を動かす良い機会にもなってます」

「音楽が好きでピアノのレッスンに通っていますし、コンサートにもよく足を運びます。体を動かすのも好きで、週2~3回はトレーニングジムにも行っています。何よりゴルフが大好き。以前は9割が接待でしたが、いまは身銭を切っていますから、気持ちが全く違います。もちろんいまのほうが楽しい」

キャリアの転機は部長時代。山本さんは営業で成果を上げ続け、順調に出世したが、部長職になって壁にぶつかる。部下のマネジメントは苦にはならなかったが、部長として次世代の会社経営を担う新ビジネスを作り出すという、一段上の役割をうまく乗り越えることができなかった。新事業の企画がうまくいっていたら、役員への道が開けたかもしれない。

「当時の仕事は役員からの期待も高く、緊張感の強い仕事でした。私のキャリアのなかで一番苦しい時期だったと思います。同期は110名いました。役員にまで上りつめるのはほんの一握りです。当時、自分もその一人に、という気持ちもありました。ただ、結果的にはそこまで上り詰めることはできなかった」

「役職定年以降、60歳の定年までの5年間、暇になりました。管理する部下がいない。文書やデータを作らなくてもいい。会社に勤めながらも、自分の好きなことを追求できる時間ができたわけです。この間に将来何やろうかなっていうことを、かなり考えてました」

この間、山本さんは会社を離れた後の人生設計に取り組む。それまでは毎晩会社の仲間と飲んでいたが、きっぱりやめ、外の人と交流するようになった。定年退職以降は銀行の案内係、そしていまも続けている公共施設の管理員という二つの仕事に就いた。

「その二つとも、私の経験からはっきり言えば難度の低い仕事です。銀行も投資信託の専門知識が必要とされたわけではなく、いわゆる接客業ですから難しくはありませんでした」

60歳で定年となった。以降、山本さんのなかで仕事の位置づけが大きく変わった。

「長年勤めた職場を失うという喪失感は全くなかった。むしろ、これからは好きなことができるんだという解放感がありました。それ以前は、『こうやってくれ』『ああやってくれ』と上司から命令される日々でした。それが完全に変わりました。自分でこうやろう、ああやろう。この人と酒を飲もう。この仲間でゴルフをやろう。すべての決定権が自分に移りました」

「仕事が7割、それ以外の遊びを含めたプライベートが3割だったのですが、逆転しました。現在は趣味と人付き合いに没頭しています。会社員時代と今の生活を比べたら、今のほうが格段に楽しいですよ。本来、好奇心旺盛で、家にこもって何かをするより、外に出て世間と接していたいタイプなんです」

定年前の経験が下地となり、緩やかに考え方が変化していく

ここまで7名の就業者へのインタビューを紹介することで、定年後の仕事の実態をつまびらかにしてきた。また、これとは別に、これまで著者は定年後の就業者を対象にしたヒ

アリングを数十名の方に対して行っている。

紹介した方々の事例からもわかる通り、定年後の仕事の実態は人によって異なる。しかし、それと同時に、いくつかの共通した傾向のようなものも見出せる。ここでは特に、定年前後における仕事に対する捉え方の変化がどのようなプロセスで引き起こされているのかについて、紹介した事例をもとに傾向を考えてみたい。

まず、定年前後の価値観の変化は、雇用形態が正社員から非正規社員に変わる定年時よりも、その前の40代から50代のときの経験が影響しているケースが比較的多くみられた。定年後の就業者への数々のヒアリングを通じて、キャリアにおける大きな転機は50歳近辺にあることが多いと感じる。先述した価値観の変化のデータでも、この年代は仕事に意義を感じなくなる年代にあたり、定年後のキャリアの始まりに向かう過渡期になっていた。

この時期に人はどのような経験をするか。典型的には、組織内でステップアップしていく過程で仕事について悩む経験をする。同時に、高い業績を残し続けながら、出世レースを駆け上っていく道に行き詰まりを感じ始める。定年後に豊かに働き続けている人に現役時代の仕事を振り返ってもらったとき、多くの人が語るのはまさにこの時の経験である。

企業など組織における役職について考えると、部長職で終わった人は役員になれなかった人であり、課長職で終わった人は部長になれなかった人である。実際問題として、多くの組織人にとって組織内で上り詰めていく道がいつかとん挫することは、避けられない現実として立ちはだかる。

これをもって仕事に対する諦めの気持ちを抱く人も少なくはない。しかし実際には、多くはこれを転機として、組織内で役職を上げて仕事で高額の報酬を得ることだけがキャリアの目的ではないことを、人によっては時に相当の時間を要しながらではあるが、緩やかに気づいていく。そして、こうした経験が下地となって、多数派の人々は定年後の小さな仕事に意義を感じるようになる。人々は定年を前にして、自身のキャリアの構造が大きく変わろうとしていることを認識するのである。

一方で、当初から組織のなかで上り詰めていく道に興味を持たない人もいる。また、今回の事例には出てこないが、もともとパートなど非正規で働いていた人なども世の中にはたくさんいる。こうした人たちは中高年のときにキャリアに大きな変化が生じることが少なく、50歳前後における葛藤の経験も語られない傾向がある。おそらくこういった方々はキャリアにおいて、より早期の段階で転機に直面しているからだろう。

何より大きいのは経済的な事情

定年後の就業者に話を聞いていると、体調面での変化を語る人も少なくない。目の調子が悪くなりパソコンの画面を凝視することがつらくなったと話していた畠中さんの事例や、生活習慣病や難聴の問題を抱える佐藤さんの事例など、歳を経るごとに何かしらの持病がある人は確実に増える傾向にある。

もちろん、年齢が高いから仕事に支障が生じるのではないかというような、年齢による差別は許されるものではない。しかし、定年後も働き続ける人が増えるなかで、加齢に伴って仕事に関する能力に変化が生じることは、誰しも現実として起こり得る。

定年後に身近にある小さな仕事に価値を感じるようになる背景には、加齢による自身の変化や、定年によってもたらされる仕事の環境変化なども影響としてあるが、何よりも経済的な環境変化が大きい。多くの人は60歳にもなれば、日々必要とされる生活費の大きな変化を経験する。これまで必要であった子供のための多額の教育費負担から解放され、住宅費に関しては自宅の維持費用があれば十分というケースも多くなる。

そして、60歳半ばになると公的年金給付を得られる。定年後にこのような経済的な裏づけがあるからこそ、大きな仕事でなくても十分にやっていけるのである。

「それは逃げ切り世代だから通用することだ」「今後はそう簡単にはいかない」――こうした主張を行う人もいるだろうが、その指摘は実は誤りである。

確かに今後の日本の社会情勢を鑑みれば、年金の受け取り開始時期や受け取り額などの受給条件はますます厳しくなっていくことが予想される。しかし、現在のシニア世代は、男性が働き女性は家庭を守るというライフスタイルが主流であった世代である。夫婦二人世帯を仮定すれば、小さな仕事であっても、働き続けてさえいれば、ダブルインカムで経済的には十分にやっていける。また、単身世帯の場合であっても、高齢期に稼ぐべき額はやはりそこまで多くない。

だから、現在においても、未来においても、定年後のキャリアは小さな仕事を楽しむ姿こそが典型であり続けるはずなのである。

経験への過度な固執、大きな仕事への執着からの離別

定年後に大半の人は組織における重要な役職を解かれる。その後、人によっては継続雇用を挟みながらも、最終的には長く働いた職場を離れ、新天地で新しい仕事を始めることになる。

実際に定年後の就業者の姿をみてみると、すべての人が必ずしも現役時代の専門性を直接活かすことができる仕事に就いているわけではない。むしろ、現役時代の専門性を必要としない仕事に就いている人のほうが多いというのが実態に近い。

山村さんのケースなどは、これまでの仕事における専門性を定年後も緩やかに活かしている事例といえる。定年前のキャリアで培った専門性を活かして仕事ができる環境があるということは、定年後のキャリアにおいて重要である。

しかし、それと同時に、たとえ専門外の仕事に移ったとしても、これまで培ってきた経験は必ず活きることも教えられる。佐藤さんが最後の仕事として選んだのは、看護師寮の 管理人の仕事であった。彼が能力の限界を感じながらも充実した仕事ができているのは、これまでの仕事で培ってきた経験があったからだと考えられる。定年前のキャリアで積み重ねた知恵や能力は、定年後の仕事にも必ず引き継がれていくものである。

佐藤さんが定年前の価値観のままに大きな仕事にこだわらなかったことにも意味がある。必ずしも長期にわたる修業や熟練を要しない仕事であったから、高齢になってから参入してもいい仕事ができているのだと考えられる。畠中さんの事例も同様に、比較的に短い期間の修練で独立できる仕事を選んだことが良かった。仮に、彼が大きな成功を夢にみて多額の資本金を必要とする仕事で独立しようとしたのであれば、このような良い結果にはつながらなかったかもしれない。

こうした事例からは、定年後のキャリアでは、定年前のキャリアで培った狭義の専門性を直接活かせる仕事に就くことに必ずしも執着しなくてもよいことがわかる。また、定年後は人が羨むような大きな仕事にもはや固執しなくてもよいということがうかがい知れる。

それと同時に、定年後のキャリアは決してゼロからのスタートではない。定年後の就業者の数々の声は、仕事のサイズにかかわらず、これまでの経験を活かして定年後の仕事に臨めば、仕事で早く基盤を固められ価値ある仕事を続けていくことができると教えてくれる。

定年前に培った能力は、定年後の仕事の成否に確かに影響を与えている。定年後において、豊かに働いている方々が共通して持っている能力は、高い対人能力や対自己能力だろう。畠中さんが言及していたように、役職者は組織において一定の権限を付与されていることから、他者に対して働きかけることはそう難しくはない。しかし、権力を持たない人が他者に働きかけることは決して容易なことではない。定年後の豊かな生活を営む上でもこうした能力を磨いておくことはとても大切なことであり、そういう意味でも再雇用など第一線から離れた後の経験をその後の人生にうまく活かしている人は意外と多いものである。

定年前に高い役職にあった人ほど、定年後の仕事に苦労するイメージを持つ人もいるかもしれない。この点に関しては、定年後の仕事で成功できるかどうかは、必ずしも定年前の役職や収入とは連動していないと私は感じている。

確かに、定年前後の仕事のギャップは、高い役職に就いていた人ほど大きくなる。しかし、管理職として働いていた人たちは、様々な利害関係者との調整を行った過去の経験から、どのように働きかければ人は動くか、どのように自身の感情をコントロールすれば周囲と摩擦を起こさずに物事を進めていけるかなどを経験的に学んでいる。これらの経験をうまく活かすことで、定年後の仕事で成功をしている人も数多く存在しているのである。逆に、組織内の役職に紐づく権限に頼りきってしまい、こうした能力を磨くことができなかった人は定年後に苦労をする可能性があるのかもしれない。

定年後には狭義の専門性が必ずしも直接に通用しないことも多い。しかし、これまでに培ってきた仕事の基礎的な能力は、定年後の仕事においても必ず活きるのである。

定年後に幸せに働き続けられる「仕事の要件」

第2部の最後に、ヒアリングの結果を通じ、定年後に幸せに働き続けている方々の仕事の特徴を考察してみたい。

まず当然のことながら、家計経済の観点からすれば現実問題として仕事を通じて一定の経済的なゆとりを確保することは必要不可欠である。日々の支出を賄えるだけの収入を得られることは仕事をするうえでの絶対条件であるから、個々人の家計状況と相談しながら必要な金額を稼げる仕事が良い仕事の大前提となる。

そのうえで、定年後の豊かな仕事として、比較的多くの人が共通して言及していた事項をまとめていくと、概ね以下のようになる。

- **健康的な生活リズムに資する仕事**
- **無理のない仕事**
- **利害関係のない人たちと緩やかにつながる仕事**

第一に、健康的な生活リズムに資することである。多くの方から頻繁に出てきた要素として、仕事を通じて起床や就寝の時間が安定して生活リズムが整うということがあげられる。

これはおそらく定年前の人も潜在的には意識しているのだろうが、定年後の就業者は加齢に伴う自身の健康への課題感の高まりもあって、それをより強く意識している様子がうかがえた。仕事に限らず、何かしらの日課があることが日々の健康な生活につながる。定年後も働き続けている人には、仕事を通じて生活リズムを整えているのだという発言が多々見られた。

体を動かすことへの言及も多かった。佐藤さんの事例にもあるように、仕事やプライベートを通じて毎日一定の歩数を歩くことを大切にしている人は多い。歩くかどうかにかかわらず、家の外に出る機会として仕事を利用している人もあった。定年後の就業者は、仕事を通じて生活リズムを整え、健康的な生活を実現する手段として仕事を活用している。

第二に、無理のない仕事である。おそらく定年後の仕事を考える上で最も重要な考え方がこの「無理のない仕事」だろう。つまり、過度なストレスがない仕事が好ましいということである。先述のとおり、厚生労働省「労働安全衛生調査」によると、仕事上のストレスの原因は多い順に、仕事の量、仕事の失敗・責任の発生、仕事の質、対人関係などと続く。定年後の就業者はこれらの仕事のストレス要因を意図的にコントロールしている様子がうかがえた。紹介した7人の事例でも、管理職の要請を断った山村さんや補助運転手の仕事を進んで引き受けている森永さんをはじめ、多くの人に類似した発言が確認される。

ストレスに対するスタンスは、定年前と定年後で明らかに異なる。

定年前の就業者であれば、自身の成長のために、多少無理をしてでも仕事の量や質、責任などを追い求める傾向がある。もちろん、定年後の就業者も、仕事において成長を求めていないわけではない。しかし、彼らは仕事で過度なストレスが生じるのであれば、あえてその仕事を拡大させるような行動は取らないことが多い。

このような行動の違いを引き起こす要因は何か。加齢に伴う体力や気力の低下といったことも要因の一つとしてあるだろうが、最も強く影響しているのはやはり経済的な事情の違いだと考える。つまり、定年前の就業者は必要となる日々の収入水準が高いため、多少無理をしてでも大きな仕事を取りに行く必要に迫られる。しかし、定年後の就業者は必要となる収入水準が低いため、過度なストレスが生じるのであれば無理をして仕事を行う必要まではないと判断し、そのような仕事を避ける傾向にある。

第三に定年後に幸せに働き続けるための要件としてあげたいのは、利害関係のない人たちと緩やかにつながる仕事である。孤独は人の幸福度を下げると言われているように、生活を営む上で人とつながることは重要である。この点、定年後の人たちにとって、仕事を通じて人とのつながりを持てることは、幸せに生活していくうえで重要な要素となっている。

しかし、人とつながればなんでも良いというわけではない。定年後の仕事として望ましいのは、「利害関係のない人たち」と「緩やかに」つながる仕事であると考える。つまり、「利害関係のある人たち」と「強固に」関わる仕事は望ましくないということである。その典型としてあげられるのは、一般企業の職場で発生する強固な上下関係を含むつながりや強い利害が絡む顧客などとのつながりである。

これらは仕事上互いに強い利害関係が発生することから、一定の緊張感が生まれる。また、簡単に絶つことができない強固なつながりは、良好な関係を築き続けなければならないという義務感に通じ、時に閉塞感を生じさせる。

このようなつながりを持つことが悪いと言っているのではない。大きな規模の仕事をこなそうと思えば、どのような組織にあっても、密接な人間関係やそれに伴う政治的な活動が必然的に生まれる。大きな組織をまとめ上げ、高い成果を出すために、良き政治を行うことは必要不可欠なものである。

実際に、定年前の仕事において、大きな仕事をうまく乗り越えたときの達成感を口にする声も多くあった。しかし、定年後の就業者の話を聞いていると、定年後においてはもはや人間関係に大きなストレスが伴う仕事の仕方を、人は望んでいないのではないかと感じるのである。

一方で、定年後に幸せに働き続けている人は、利害関係のない人たちとのつながりを持っていた。さらに、それはいつ解消しても構わないような緩やかなつながりであった。事例においては、施設利用者との会話を楽しんでいた山本さんや、同僚との日々のコミュニケーションに楽しみを見出していた森永さんなど、仕事を通じて利害関係のない人たちと緩やかにつながることが、定年後の幸せな生活に寄与していた。顧客や同僚との関係であっても、その関係性が緩やかなものであれば、良質なつながりになるということだろう。最後に、定年後の望ましい仕事には以上のような要件がみられることは確かであるものの、これはあくまでも傾向であるということに留意しておきたい。

坂田さんの定年直後の経験を見ているとわかるが、定年後も現役時代と全く変わらない働き方を続けたいという人がいる。そして実際に、彼女の場合は自己評価だけが高いわけでなく、仕事に関する能力も高い水準を維持し、管理職としてではなくプレイヤーとして現役世代の方々と変わらない成果を残していた。

私の知る限り、こうした事例はどちらかといえば少ないほうである。また、定年直後はそうであっても、歳を重ねるにつれてやはり無理のない働き方を好む形に移行していく傾向もある。ただ、彼女の事例は、定年後の仕事の全体的な傾向を押さえておくと同時に、定年後の雇用においては、個々の従業員の多様性に十分に配慮しなければならないことを教えてくれる。

いずれにせよ、定年後の仕事の傾向としては、概ね健康的な生活リズムに資することと、過度なストレスがないこと、利害関係のない人たちと緩やかにつながることの3つが幸せな働き続けるための仕事に必要な要件だと考える。

定年後の仕事をこれまでのキャリアの延長線上で考えることは適切ではない。現在の家計の状況を踏まえつつ、かつ現役時代の仕事を通じて形成されてきた先入観や社会通念にとらわれず、自分自身の現在の幸せにかなう仕事を選んでいくことが大切なのだと思う。

第3部　「小さな仕事」の積み上げ経済

1. 定年後も働き続ける人に必要なこと

転機に向き合う

ここまで、定年後の仕事に関する様々なデータを分析し、実際に定年後も働き続けている方々の声にも耳を傾けてきた。これらの定性・定量の調査の結果を分析していくなかで、定年後の仕事の実態が少しずつ浮かび上がってきたのではないかと思う。

そして、こうした仕事の実態を前提としたとき、定年後に豊かに働き続ける人に必要なことが何かということも、見えてくるのではないだろうか。ここでは、定年後の仕事に向けて、一人ひとりの就業者ができることについて考察を加えることとしたい。

まず、多くの人にとって大切になってくるのは、転機にいかに向き合うのかという点である。

定年前のキャリアと定年後のそれは大きく異なる。定年前は仕事に関する能力は基本的には伸び続ける。それに応じて仕事の量や責任などが拡大し、給与の額も緩やかに増えていく。しかし、定年後は気力や体力などを中心に自身の能力に一定の限界を感じ、仕事の負荷も低減していく。報酬は、定年前後を境に大きく下がってしまう。

生涯現役時代となり定年後も働き続ける人が増えていけば、誰もが人生のどこかで自身のキャリアの構造変化を体験することになると考えられる。であれば、このキャリアの転機に対してどのようなスタンスで向き合うのか。そのスタンス如何が、現代人が定年後も幸せに働いていけるかどうかを左右するのではないか。

これまで、わかりやすさのために定年前後での比較としてきたが、厳密に言えば転機を迎えるタイミングは個々人によって異なる。定年よりもだいぶ前に転機を迎える人もいれば、定年後もしばらくは第一線での活躍を続け、60代後半や70代になってその時を迎えるという人もいるだろう。

定年前後のキャリアの転機そのものは、第一線から外れた後にどのようにして働くかということにほかならない。第1部においても、役職や収入の向上に価値を見出さなくなる形で就労観が変わることが確認されたが、これはつまるところこれまでと同じ土俵で戦っても競争に勝てなくなるタイミングがどこかで必ず訪れるということである。そして、だからこそ人はこれまでとは何か違った形で仕事に意義を見出そうとするということでもあるのだろう。

生涯現役が求められる現代において、多くの人のキャリアは拡張するだけのものではなくなる。こうした現実は必ずしも前向きなものではない。ただ、転機に向き合うのがつらいからといってそれを避けていれば、自身を取り巻く環境変化に対して適切に対処することはできなくなってしまう。

平社員から係長、課長、部長と連なる単線型のキャリアを歩んでいくことについては、その過程で業務上様々な負荷がかかり、強いストレスへの対処に苦労することも多い。しかし、こうしたキャリアはどこか楽な選択肢でもある。決められたコースに沿って進んでいくことは特段深い思考を必要としないため、気づかないうちにそもそも自分が仕事で何を得たいのかを見失ってしまうこともあるかもしれない。

その一方で、定年後は会社から与えられるキャリアを歩んでいきさえすればよいのだという方法論はもはや通用しなくなる。だから、これからの時代は、キャリアの転機に真摯に向き合って深く悩むことが、何より重要になってくるのではないかと思うのである。

というのも、定年後も有意義に仕事をしている方々の事例をみていくと、多くの事例で仕事がうまくいかなくなったとき、またそれに伴って昇進が行き詰まったときに関する述懐が出てくるのである。当時の記憶を第三者に丁寧に説明できること自体が、彼らがキャリアの転機に正面から向き合ったことの証左なのではないかと感じる。そうして考えると、彼らが定年後の仕事を充実したものにできているのは、キャリアの転機に対して真摯に向き合った過去があるからだとも考えられるのである。

転機は往々にしてつらいものである。しかし、そこに正面から向き合わなければ、前には進めない。そして、自身の転機に向き合ったそのあとに、仕事を心から楽しめる瞬間が訪れるのだということを、多くの人に気づいてほしいと思う。

定年後は、キャリアの転機に対して真摯に向き合うなかで、自身ができることを振り返りながら、目の前にある仕事の選択肢を見つめていくことが必要なのだと感じるのである。

健康なうちは無理せず稼ぐ

もう一つ欠かすことのできない論点は、定年後にどれだけ稼ぐべきかという点である。高齢期に経済的に豊かな生活を送るためには、現実問題として多くの人にとって一定の仕事が必要になる。

定年後に最低限どの程度の仕事をしていく必要があるかは、家計に必要な額から逆算して考えていかなければならない。そのためには、定年後、自身の無理のない範囲で給与を稼ぐための、適切な戦略が必要になるだろう。

定年後に稼ぐべき額は、個々人の資産の状況や年金の給付見込み額、またその人が送りたい定年後の生活環境によっても変わる。

いうまでもなく、高齢期の収入の基盤になるのは公的年金給付である。年金の給付見込み額が少ない場合や、定年後に一定の給与を稼ぐことができる場合は、年金の受給開始年齢を繰り下げてその給付額を増やすことも検討していかなければならない。

また、自身の所属する企業の人事制度を押さえておくことも重要である。

定年後に再雇用の選択肢があり、自身が選択しうるどの仕事よりも良好な待遇が期待できるのなら、再雇用の仕組みを前向きに活用するのがいいだろう。また、早期退職によって高額の報酬が得られ、かつこれまで勤めてきた企業を離れても一定の報酬を稼ぐ目途が立っているのであれば、これを検討してみるべきである。定年後は目の前にあるすべての選択肢を積極的に検討していく必要がある。

まだまだ第一線で働き続けたいという意欲があるのであれば、それもまたすばらしい。これまでの経験を活かして専門職として働き続けられるだけの能力を持っているのであれば、またその習得に向けた努力を積み重ねられるのであれば、その能力を十分に活用できる求人を探すことも考えたい。

管理職で経験を積んだ人にとっても、まだまだその市場規模は小さいものの、ベンチャー企業や中小企業の役職者など経験を活かせる求人も探せば少なからずあるものだ。そうした人たちを支援する専門の人材紹介会社も存在している。定年後に再びこうした厳しい環境に挑むという選択肢もまた尊重されるべきであろう。貯蓄はいくらあってもありすぎるということはなく、稼げるときに稼ぐことは重要である。

そして、何より大切だと考えるのは、先入観にとらわれず広い視野で社内外の多様な仕事に目を向けることである。先述のようにパート・アルバイトのような非正規の雇用形態であっても、フリーランスとして業務委託契約を結んで働く形であっても、定年後に必要な収入を稼ぎつつ社会に貢献できる仕事はたくさんある。

時間軸も人によって変わってくるはずである。50代のときに見える景色と60代前半で見える景色は異なる。それと同様に、60代前半と60代後半、60代後半と70代前半で、自身を取り巻く環境がガラッと変わることは少なくない。

生涯現役社会においては、これまでと同じように働けなくなる時期を誰しも必ず経験することになる。その時に、いま自身が直面している現実に目を背けることなく、それぞれが自身の体調なども踏まえながら、その時々にできる範囲の仕事で稼いでいく必要がある。

仕事から得られる収入の額は、その人がなした仕事による成果に応じて決まるものであって、決してそれがその人自身の価値を決めるものではない。定年後は、高い給与を稼ぐから偉いのだとか、低い給与の仕事はそうでないのだとか、そういう競争意識にとらわれる必要はないのではないか。

仕事とは自身の生活を豊かにするために、またその結果として誰かの役に立つためにあるものであって、キャリアの良し悪しを他者と比較して競うためにあるものではない。そうした考え方で自身に合う仕事がないかを探していけば、身近な仕事のなかに、自身にとっても社会にとっても双方に価値のある仕事がきっと見つけられると思う。

2. 高齢社員の人事管理をどう設計するか

年齢による管理は緩めていかざるを得ない

中高年の人事管理をめぐる課題について考えたときに重要になってくるのは、一人ひとりの社員がキャリアを下る局面において、企業がどう寄り添っていくかというところにあるのではないだろうか。

経済全体が右肩上がりで成長し、企業の人員が増え続けていた時代には、社員の多くが昇進し、キャリアの階段を上り続けることができた。しかし、企業の業績の伸びが鈍化し、年齢構成の高齢化が止まらない現代において、成長していくキャリアを前提とした人事管理は限界を迎えている。

従業員がキャリアを下る局面をいかにして設計するかが、企業人事に突き付けられた重大な課題となっている。理想的には個別対応が望ましい。つまり、仕事に関する能力が高く、かつ大きな仕事を背負っていきたいという意欲にあふれた人には継続して高い役職に留任できる道筋を用意する。このような原則からすれば年齢で一律に処遇を定める定年制度は、日本型雇用の悪しき伝統と捉えられる。

しかし、企業人事のリアリズムの視点に立てば、こうした理想主義への固執からは必ずしも現実的な解を見出せない。従業員が持つ能力を正確に把握し、残るべき従業員は誰か、そうでない人は誰か、といった判断を人事が適切に行うことができるかといえば、必ずしもそうではない。また、仮に人事が神の手のごとく適切に判断を下せるとしても、すべての当事者にその理由を納得してもらうことはできるか。会長、社長から連なる上位役職者のすべてが、強制力のある制度なしに、納得感をもって自発的にその座を降りることはできるか。

定年制など現行制度の功罪を考える際には、この制度によって何が達成されているかを考える必要がある。まず、組織で健全な新陳代謝が行われているのは、まぎれもなく定年制のおかげである。定年制によって現在の役職者の任が解かれた結果として、仕事において大きな責任を負い、社会に大きな影響を及ぼしたいという意欲あふれる次世代の人たちが実権を握れるようになる。強制力をもった制度があるからこそ、現役の役職者もまた、こうしたプロセスのなかで組織内における地位を築けてきたはずである。

このようなメカニズムを考慮すれば、高齢化が進む日本企業の人事管理において、その仕組みのすべてを否定することは誤りである。家計支出が多く、気力・体力が充実する中堅期に管理職として活躍してもらう環境を維持する一方で、一定の年齢を過ぎた従業員には、それぞれが役職の座から降りて一プレイヤーとして活躍する道を模索してもらうことになる。こうした形は、これからも多くの企業の現実的な対応となるだろう。

しかし、それと同時に、社会環境の変化によって、定年制をはじめとする日本型雇用の弊害がそのメリットを凌駕するようになっていることもまた事実だと考えられる。

そう考えれば、現行制度を基礎としながらも、企業による年次管理のあり方は少しずつ変わっていかなくてはならないだろう。多くの日本企業で実質的にとっている年功序列という慣習は多くのメリットがある反面、人口動態の変化による影響にあまりにも弱すぎる。

多くの企業において年功の要素は徐々に緩められつつあるということもまた事実である。実際に、賃金カーブの変遷をみると年功賃金の仕組みは確かに機能を縮小させていることがわかるのである。

この間に、企業は様々な賃金体系を模索してきた。職能給、成果給、役割給、そして現在焦点が当たっているジョブ型といわれる職務給もその一環だろう。多くの企業で賃金体系がどうあるべきかは今なお模索中であり、これまでの仕組みも必ずしもうまくいっているわけではない。しかし、年功賃金の次のモデルを探るなかで、日本企業が確かに賃金と年齢との接続を緩めてきたという点においては、この試行錯誤のプロセスは一定の成果を上げているともいえるのではないだろうか。

企業における報酬体系をどう設計するべきかについては、個々の企業によってその最適解は異なると考えられる。しかし、賃金に関して年齢に紐づく要素を減らしていくという方向性は、企業の高齢化が著しい現代において、一つの共通解になるのではないか。年次管理が限界を迎えつつあるなか、日本企業はこれからもその人が発揮する成果や役割などの基準に紐づいた人事管理の方向に緩やかにシフトしていかざるを得ないだろう。

こうしたなか、組織の新陳代謝をいかに図るかという考え方も避けては通れない。たとえば、公職においては、もっぱら任期を設けることで、組織の新陳代謝を促している。在職年数の区切りを設け、その期間を過ぎればその人の持つ能力や実績にかかわらず、選挙などの形で洗礼を受け、勝ち残った者は権力の座に残ることができる。

民間企業でも、役職に任期制を設けている企業などもある。定年制のような強固な制度のみを前提とするだけでなく、もう少し柔軟な方向に人事制度を改編していくことも一つの方法論としてはあるのかもしれない。

「ペイフォーパフォーマンス」の徹底を

幸いなことに、現代において、家族の形は多様化している。一家の大黒柱が壮年期に多額の給与を稼ぐ必要性は希薄になり、男女問わずフルタイムで働くことがますます当たり前になっている。結婚をしないという選択肢を取る人も増えている。そう考えれば、現代においては、年功給の要素を緩めたところで従業員の生活に大きな混乱を生じさせる可能性は少なくなっているのではないか。

定年後の従業員に対する処遇という観点では、何よりペイフォーパフォーマンスの徹底が大切である。

働かない中高年が問題だという議論を聞くことがある。なぜこうした問題が企業にとっての課題になるのかと考えると、それはつまるところ企業側が支払う報酬と従業員が生み出す成果がつり合っていないからだと考えられる。

企業人事の言い分としては、高い給与を払っているのだからその分意欲をもって働いてほしいということになる。もちろん、そのような主張は正論である。しかし、これと同時に、それなりの仕事でそれなりの報酬を得るという働き方を前向きに認めることも重要なのではないか。

年800万円の報酬を得る傍らで、800万円分の仕事をなす社員は良い社員である。それと同時に、300万円分の仕事をして、その対価として300万円の報酬を得る社員も良い社員である。ペイフォーパフォーマンスの原則が成立していれば、この二者の企業に対する貢献は同一であり、報酬の高低の差はあっても、従業員としての優劣はない。これはつまり、企業は高齢期の小さな仕事をもっと尊重してもいいのではないかということである。

逆にいえば、そこそこの仕事しかしていないにもかかわらず、高い給与を得るという報酬体系を用意することは、組織として行ってはならない。その人の働き以上に報酬を与えてしまえば、ほかの従業員に必ずしわ寄せがいってしまうものである。そして、高い給与に合わせる形で、必要以上の活躍を強いられる社員もまた不幸である。従業員に優しい企業であるがゆえに、かえって従業員を苦しめている姿もまた、日本企業において広範に見受けられる。

そう考えれば、定年後の給与体系に関してはある程度低い水準をベースとしつつも、それと同時にパフォーマンスが高い従業員には年齢にかかわらず高額の報酬を与えるという選択肢を用意するという考え方になるのではないか。

従業員が目に見える十分な成果を上げているにもかかわらず、定年を過ぎていることを理由として、成果に見合う報酬を支払えないというのはおかしい。個々の従業員にとって不合理なだけでなく、そうした方々のモチベーションを引き出せないことで企業にとっても目の前の利益を逸することになる。こうした不合理な年齢管理の仕組みは、今後徐々に改めていく必要があるだろう。

こうした考え方はまた、自身が生み出す成果以上の報酬は提供できないという意味で、従業員にとって厳しい考え方にもなる。安定した雇用のもとでパフォーマンスを引き出していくことを基本とした、40代や50代社員の雇用管理の方法とも大きく異なるものになる。しかし、生活のために多額の報酬を得なければならないという従業員の家計経済上の要請は、歳を取るにつれて小さくなっていく。そう考えれば、報酬については一定程度厳しく踏み込んだものとなっても良いと考えるのである。

職場におけるマネジメントは複雑性が一段と増すとみられる。役職定年制のような年齢を基準とした処遇制度は、人事担当者にとっては楽な制度である。従業員がどんなに理不尽であると感じていたとしても、会社の制度なのでと言ってしまえばそれはある意味すべての人を公平に扱っているわけだから、従業員側はそれで納得せざるを得ない。

処遇の個別性を高めていけば、上位者はその説明責任を必ず問われるようになる。昇進・昇格、給与の上昇を伴う処遇は簡単であるが、降格や給与の減少を伴う処遇の変更をいかにして従業員に納得してもらうかは、企業とすれば難題である。

雇用管理上極めて難しいことであることを想定しても、年齢による画一的な管理は今後多くの企業で改めていかざるを得ないと見られる。そのためには、適切な評価を実現するためのマネジメントの一段の進化も求められる。企業人事としては、非常に難しい時代となっていくだろう。

ペイフォーパフォーマンスの原則が徹底できてはじめて、一人ひとりの個人は社内外の仕事にフラットに向き合うことができるようになる。市場を介して自身にとってよりよい仕事を選ぶような環境が整えば、そうした姿が理想である。労働時間や勤務日数といった労働条件に関して、個々人の希望に即したより柔軟な形態を用意しておくことも必要だろう。

つまるところ、定年後は個々人によって直面する家計の状況、仕事に関する能力や意欲などにばらつきが大きすぎて、一律の人事管理を行うことに無理が生じる。企業人事の性質上、個々の従業員へのきめ細やかな対応は実際問題として難しいところも多いが、人事としてもできる限りの対応を行う必要があるのだと思う。

3. 労働供給制約時代における経済社会のあり方

いつでも誰でも無理なく働き続けられるために

今後ますます人々の就業期間が長期化していくと予想されるなか、企業も高齢従業員への一定の理解が必要となる。

しかし、現実問題として、一企業が従業員の生涯の生活を保障できるかといえば、そこまでの重責を企業に担わせることが難しいこともまた事実である。そう考えれば、これまで長く働き続けてきた仕事を離れ、地域社会と結びついた小さな仕事を現実的な就労の選択肢として考えるタイミングが、誰でも人生のどこかで訪れるはずだ。

現代において、誰もが高齢期に安心して暮らせるためにどうすべきかを考えたとき、企業や政府に人々の高齢期の生活のすべてを保障させる「福祉大国論」が望ましいものになるとは思えない。また、すべての人が生涯にわたってスキルを磨き続け、競争に勝ち残らなければならないという「自己責任論」に答えがあるとも思えない。

そうではなく、いつでも誰でも無理のない仕事で適正な賃金が得られる市場環境をいかに整備するかという視点が、何より大切だと考えるのである。そして、いよいよ本当に働けなくて困ったときには、そのための社会保障を充実させる。こうした考え方が生涯現役時代における国全体の社会保障としての望ましい姿になるのではないだろうか。

定年後、市場のなかで広く仕事を探す局面に差し掛かったとき、その時々の自身の状態にあった良い仕事にいかにして巡り合うことができるか。高齢期に豊かに生活できる環境を実現するという目標は、あくまで健全な市場メカニズムを通して実現していかなければならないと、私は考える。

少子高齢化が進展し、生涯現役社会が刻一刻と近づくなか、我が国の経済社会はどう変化するか。本書の締めくくりとして、今後の日本の経済社会で起こりうる変化を記述し、こうした変化に対して私たち日本社会がどのように対応していくべきかを、いくつか提案してみたい。

「労働供給制約社会」が訪れる

まずは過去から現在に至るまで、日本の労働市場がどのように変化しているのか、その状況を簡単に振り返ると、近年、日本の労働市場には大きな構造変化が認められる。すなわち、人手不足が急速に深刻化しているのである。

総務省「労働力調査」によると、現在失業率は極めて低い水準で推移を続けている（図

図表3-1　景気動向指数と失業率の推移

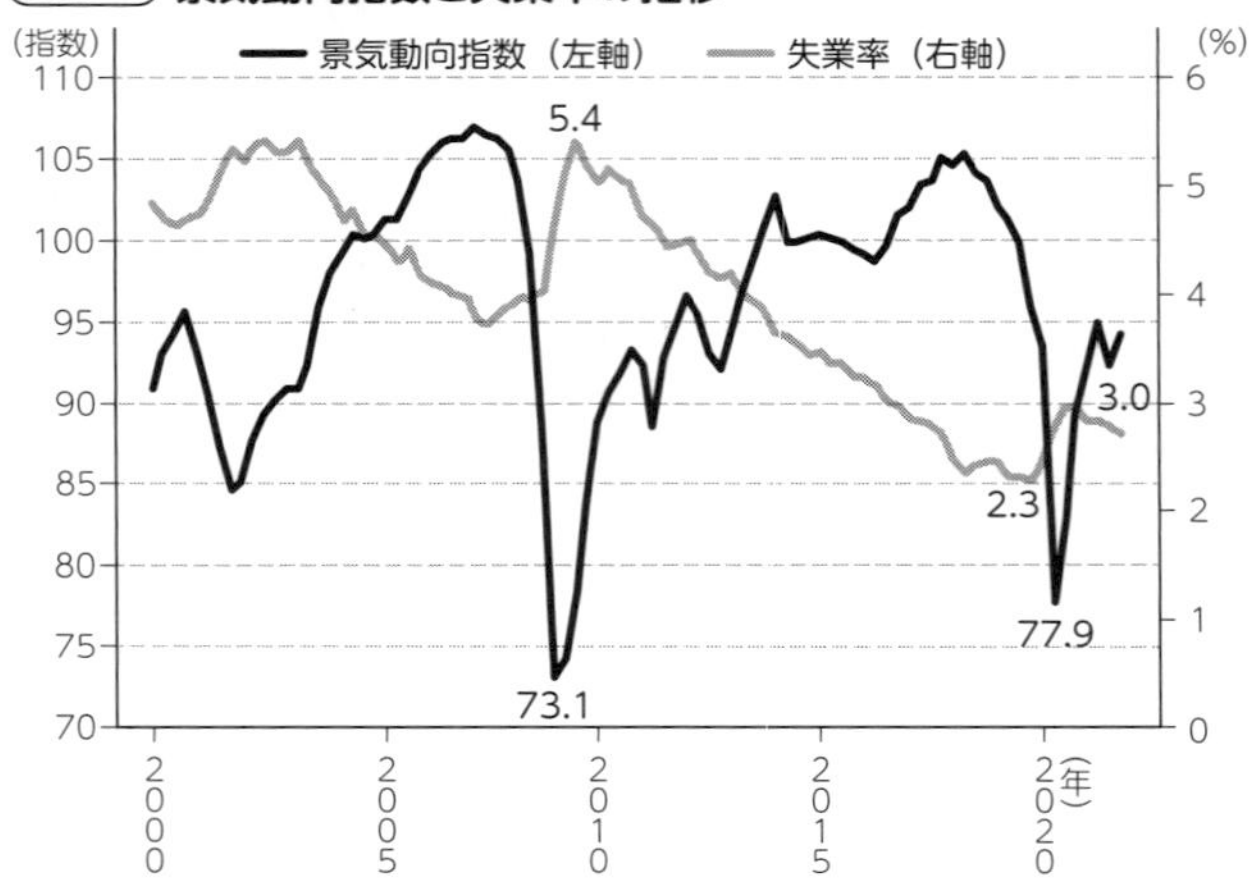

(出典)内閣府「景気動向指数」、総務省「労働力調査」

表3－1）。新型コロナウィルスの感染拡大（コロナ禍）以前には2％台前半まで低下しており、ほぼ完全雇用に近い状況であった。さかのぼってみると、失業率が2％台前半にまで低下したのは1993年のはじめ頃のことである。この時期はまだバブル経済の余韻が残っていた時期で、日本経済が右肩上がりで拡大していくという期待があった時期にあたる。日本経済が拡大を続けることを前提に企業が採用意欲にあふれていた当時の水準にまで、現在労働市場は過熱しているのである。

近年、女性や高齢者など、従来であれば働いていなかった人たちの労働参加が急速に進んでいる。こうした状況にもかかわらず、それでもなお日本の労働市場のひっ迫度合いは近年まれにみる水準となっている。

コロナ禍での景気後退局面においても、失業率の上昇が抑制されていたことも注目される。景況感を表す指標である景気動向指数（ＣＩ）との連動をみると、ＣＩが77・9まで落ち込んだ2020年半ばにおいても、失業率は3・0％にまでしか上昇しなかった。ここ最近は景況感が悪化してもなお労働需給がひっ迫したままの状態にあるほどの、構造的な人手不足社会に突入している。リーマンショックで景気が落ち込んだ2009年から2010年頃の動きと比較しても、足元の労働市場の構造変化がはっきりと浮かび上がってくる。

企業の人手不足感の状況を示す日銀短観の雇用人員判断指数（ＤＩ）をみると、特に人手不足感が強いのは、運輸や建設、保安、販売、飲食などの業種である。全国各地でこうした生活に密着したサービスの提供が難しくなっている現実がある。

日本経済において、人手不足がここまで深刻化しているのはなぜだろうか。

まず大きな原因としてあげられるのは、生産年齢人口の減少である。高齢化が進む日本社会において、働くことができない高齢者の人口は年々増えている。

そして、それと同時に、労働需要が相対的に増えているということも大きな要因となっていることは間違いない。人は時とともに歳を取り、最終的には病気などによって働くことが難しくなっていく。しかし、そうしたなかにあっても高齢者は消費者ではあり続ける。むしろ、高齢者の求めるサービスは往々にして労働集約的なサービスであるという特色を持つ。つまり、自ら労務を提供することはできないが、その一方で自身の生活のために誰かの労働を必要としているのである。

少子高齢化が進む現代の日本経済においては、消費者の人口が相対的に維持されるにもかかわらず、生産者の人口は減少するだろう。その結果として、深刻な人手不足が進行していくのである。現代においては、女性も高齢者も働くことが当たり前になってきているにもかかわらず、人々の旺盛な消費意欲に見合うだけの労働力はまだまだ足りていない。

今まさに日本の経済社会は、働き盛りの年齢層が減少する一方で消費者が相対的に増加し、労働供給が経済成長のボトルネックとなる「労働供給制約社会」を迎えようとしている。少子高齢化が原因である以上、これは構造的な問題であり、将来においてこの状況はますます深刻化することに間違いはないだろう。

「生活に身近な仕事」がますます大切に

少子高齢化が進む日本において、財やサービスの純粋消費者が増えて、生産者が不足していく構造は将来においてますます深刻化していくことになる。このような状況を放置すると、日本社会はどうなってしまうのだろうか。

この問題を考えるとき、特に重要になってくるのは地域の観点である。これからはますます多くの地域で高齢者が増加し、若者が減少していく。労働供給制約社会は、都市より高齢化が著しい地方で先に顕在化していくだろう。実際に、すでにいくつかの市町村では生活に必要なインフラが行き届かなくなる事態が発生している。

地域の生産者が不足すると何が困るのか。高度専門職がいなくなり、地域経済の高度化が進まないことが問題になるのか。それともオフィスワーカーがいなくなってしまうことで、企業が立ち行かなくなってしまうことが問題になるのだろうか。

おそらく最も大きな問題は、それよりももっと基礎的で生活に根差したサービスが提供されなくなることにあるのではないかと私は考えている。

工場などで生産される財に関しては、自身の住む地域で生産がなされていなくても、海外からの輸入を含め、他地域で生産されたものを購入すれば、それで事が足りる。また、仮に情報技術関連の職種に就く人が自身が居住する地域にいなくなってしまっても、都心の労働者が行う仕事によって、消費者はいつでもどこでもそのサービスを享受できる。こうした仕事に関しては、年金などを通じて金銭さえ十分に地域に行き届かせられれば、事態は解決すると考えられるのである。

一方で、私たちの生活に密着した多くの仕事に関してはそうはいかないだろう。コンビニエンスストアなどにおける販売の仕事、飲食店の調理や接客の仕事、ドライバーや配達員の仕事、介護や建設の仕事などについては、その地域にサービスの提供者がいないとサービス自体が成り立たなくなる。農業など都市からの輸入に頼ることが難しい財に関しても、地域経済に必要不可欠な仕事の一つである。

仮にある地方でこうした生活に必要不可欠な仕事をする人たちがいなくなってしまったとき、何が起こるか。東京など国内の大都市や海外から人員を輸入することはできない。結局、生産者が足りなくなった地域では、サービスの提供の一部を諦めなくてはならなくなってしまうのである。

日々の生活の基礎的な仕事に従事する人がいなくなってしまえば、地域は立ち行かない。そのように考えれば、これからの時代、日本社会にとって本当に必要な仕事が何かが見えてくるのではないか。私たちは身近な仕事の重要性に立ち返る必要があるのではないかと考えるのである。

ここで第1部と第2部で分析を行った「定年後の仕事」を振り返ると、定年後の就業者が従事している仕事は多くが生活に密着した小さな仕事であった。これからの日本の経済社会を見渡せば、地域に根差した仕事であればあるほど、生活に密着した仕事であればあるほど、価値ある仕事になるのではないかと私は考える。

ここまで解説してきた通り、多くの定年後の就業者は、たとえ目の前の仕事が小さなものであっても、仕事を通じて、社会に対してできる限りの貢献をしようと考えながら働いている。そして、彼らの仕事の多くは実際に地域住人にとって必要不可欠な仕事になっている。

だから、まさにこのような働き方を、一年でも長く、そして一人でも多くの人に広げていくことが、これからの日本の経済社会にとって極めて重要になってくるのである。

働き手が急速に減少するこれからの日本社会において、働かなくても豊かに暮らせる社会は早晩諦めなければならなくなる。しかし、これは必ずしも現役時代の働き方を永遠に続ける必要があるということを示しているわけではない。

日本社会が今後目指すべきは、地域に根差した小さな仕事で働き続けることで、自身の老後の豊かな生活の実現と社会への貢献を無理なく両立できる社会である。

身体的に働くことが不可能な人を除く多くの人が、定年後の幸せな生活と両立できる「小さな仕事」に従事することで、日本社会は救われるのである。

生産者に主権を移し、良質な仕事を生み出す

現役時代の長く続く仕事を終えた後、自身のその時々の状態にあった無理のない仕事に誰しもが巡り合うことができる。

そのような市場環境を整えることが、高齢期の生活費を賄うために膨大な貯蓄をしなければならないという懸案であるとか、いつまでも第一線で働き続けなければならないという終わりのないキャリアに対する焦燥感であるとか、そうした現代人が抱える多くの不安からの解放にもつながるのではないだろうか。

実際に生活に密着した小さな仕事を通じて、高齢期に豊かに働いている人たちの事例を私は数多く知っている。

しかし、世の中にあるすべての仕事が本当に労働者のための仕事になっているのかと考えると、それもまた事実とは異なるところがあるのではないか。定年後も働き続ける社会を私たちが志向するのだとすれば、そこには満たさなければならない条件が存在するのである。

幸せな定年後の働き方と対極にあるのはどういった働き方か。それは、歳を取っても生活費を稼ぐために、質の低い仕事で働き続けなければならない姿ではないだろうか。生涯現役社会を目指すのであれば、そのような労働環境を決して許してはならない。

定年後に誰もが幸せに働き続けられるためには、一つひとつの仕事の質を高めていかなければならない。そのためには、日本の労働市場にある仕事を消費者や経営者のための仕事ではなく、働き手のためのものに変えていく必要があるだろう。

本来は、働き手である生産者と消費者は対等な関係である。財やサービスを生産してくれる人がいないと、消費者はこれらを消費することはできない。働いてくれる人がいるからこそ、一人ひとりの消費者は豊かな消費生活を送ることができる。

一方で、消費者がいないと働き手が従事する仕事は成り立たなくなることも事実である。必要な需要がなくなってしまえば、働き手が生活のための金銭を受け取ることができなくなる。このようにして生産者と消費者の両者が存在するからこそ、日々の経済活動は成り立っている。

しかし、生産者と消費者との力関係はその時々の経済環境に依存して変化する。

過去、働き手が余っていた時代においては、消費者は強い力を持っていた。失業率が高い状態にあることを前提にすれば、消費者がより多くのモノやサービスを欲してくれることは好ましい。消費者の欲求によって必要な仕事が作り出されることで、労働市場にあふれている余剰人員を就業させることができるからである。こうした状況下にあっては、有効需要を創造し、雇用を増やしていくことが何より重要視される。

しかし、翻って現代の日本の労働市場を俯瞰してみると、急速に進む少子高齢化のなかで純粋消費者が増え、むしろ働き手が足りない状況に陥ってしまっている様子が明確に見て取れる。消費者が強い経済構造にあった時代は既に過去のものとなっており、ここ10年ほどで日本経済の構造は大きく変化しているのである。

純粋消費者が増えて働き手が足りなくなる現代の日本社会においては、生産者と消費者の関係は必然的に変わってくるだろう。つまり、消費者が過剰に存在していて生産者が足りない労働供給制約社会においては、主権は生産者に移るはずなのだ。

働き手に気持ちよく仕事をしてもらえる環境をいかにして作り上げるか。また、その結果として、いかにして多くの人に働いてもらえるか。日本に住むすべての消費者にとって、こうした考え方はこれからますます大切になっていくだろう。

より多くの人に無理なく労働参加をしてもらうためには、労働市場にあるあらゆる仕事を、働き手にとって良質な仕事に変えていかなければならない。長時間労働が必要とされる仕事や、身体的な負荷が高い仕事、働いても働いても稼げない低賃金の仕事など「質が低い仕事」を日本社会から一掃していく必要がある。そして、短時間で無理なく働ける仕事、賃金水準が高い仕事など「質が高い仕事」を増やしていかなければいけない。

労働市場に存在しているあらゆる仕事を無理なく働けて、かつ正当な対価を得られる仕事にできて初めて、高齢期に誰もが安心して働ける社会を実現することができるのである。

ひっ迫した需給が仕事の質を高める

労働市場で良質な仕事を増やしていくためにはどうすればいいか。そのためには、市場メカニズムを適切に発露させることが何より大切である。

深刻な人手不足に陥ったとき、企業はどう行動するか。

賃金水準を引き上げて仕事の魅力を高めなければ、廃業の憂き目にあってしまう。また、企業が安定した経営を営むためには、働きやすい労働環境を整え、従業員の離職を防ぐ必要がある。人手不足になれば、企業は生き残るためにも従業員の労働条件を改善せざるを得なくなるというのが市場経済の掟である。

労働市場がひっ迫している現代においては、労働者に希少価値がある。そうした状況下で市場原理が適切に働いていれば、賃金は上がり、労働条件も改善することで、質の高い仕事が必然的に増えていくはずなのである。

実際に、その兆候は見えている。厚生労働省「毎月勤労統計調査」から短時間労働者の時給水準を算出すると、近年一貫して上昇している（**図表3－2**）。働き方に目を転じて

図表3-2 短時間労働者の時給推移

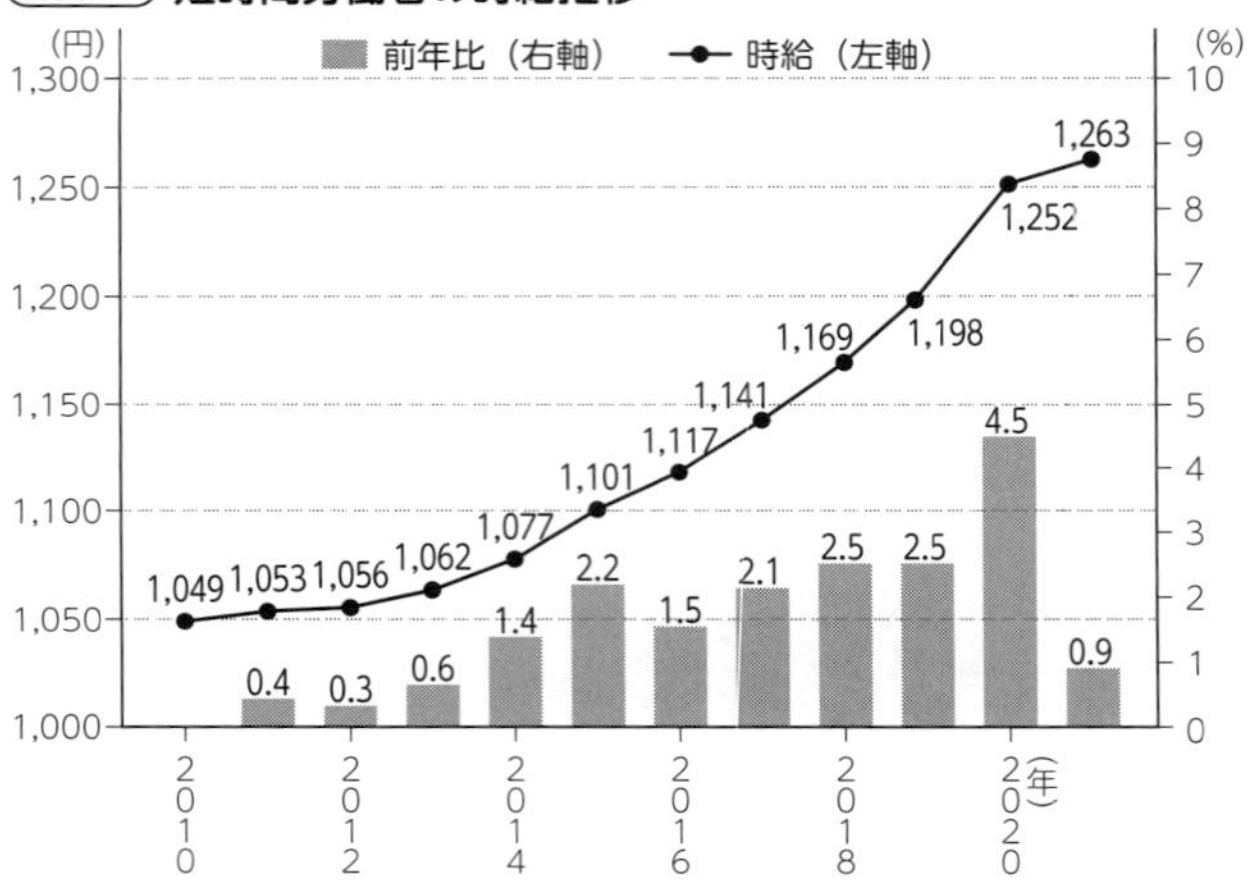

(出典)厚生労働省「毎月勤労統計調査」

みても、労働時間が減少し、有給休暇の日数も増加するなど、人々の労働条件は日々改善している。

現代の労働社会が進んでいるこうした方向性に大きな間違いはない。しかし同時に、そのスピード感はなんとも心もとないものである。賃金の上昇率はなぜもっと加速しないのか。労働環境はなぜもっとよくならないのか。それは、質が高い仕事の浸透を妨げる環境があるからにほかならない。

その筆頭に挙げられるのは、外国人労働者に関する施策である。

近年、外国人労働者の受け入れに関する規制緩和が相次いで行われている。なぜ政府が外国人労働者の受け入れにここまで前のめりになっているのかといえば、それは深刻な人手不足に直面する企業からの強い政治的要請があるからである。

労働市場は年々ひっ迫度を強めており、経営体力が弱い企業はどんどん人を取れなくなってきて、人手を確保しようにも、求職者に対して高い賃金を提示することもできない。結局、事業を存続させるためには、安い賃金で働いてくれる外国人労働者の導入に活路を見出さざるを得なくなっている。

しかし、経営が厳しい企業を救うために安価な労働力を認めるという考え方は、非常に危険である。人が取れないのであれば、経営改善を行い、より良い労働条件を提示することができるように努めることが筋だ。時代に合わせた経営改革を行わず、質の低い労働力に頼る企業があるのだとすれば、こうした環境に甘んじようとする企業は淘汰されて然るべきである。

これは、きつくて給与が低い仕事に従事させられる外国人労働者がかわいそうだからというだけでは済まされない。日本社会がこうした働き方を認めることが、賃金など労働条件を改善しようとする企業の努力を抑制させてしまうことにもつながるのである。ゾンビ企業を延命するために海外から安い労働力を移入させようとする政策で日本の労働市場が良くなることは、決してない。

機械化・自動化が今世紀最大の技術的課題になる

安い労働力の導入がイノベーションを阻害することも懸念される。現在、科学技術の発展によって、あらゆる産業で機械化・自動化が推進されようとしている。

ＡＩが仕事を奪うという懸念を聞くこともあるが、これからの日本の労働市場においてはむしろ人は人でしかできないことに注力し、機械に任せられるところはすべて機械に任せるくらいでなければ、日本の経済社会は回っていかないだろう。ＡＩやロボットの活用などによっていかに仕事を自動化して生産性を高めていけるかが、日本だけではなく、少子高齢化が進む多くの先進国にとって今世紀最大の技術的課題になると考えられるのである。

現代日本にこそいま最も必要とされている機械化や自動化に関するイノベーション。これを推進させる原動力となるのは、何よりも高い労働コストである。機械化、自動化に関する技術開発や設備投資を行うかどうかの意思決定にあたって企業がまず考慮するのは、それによってどの程度の人件費を削減できるかということである。労働市場のひっ迫によって労働者の賃金が高騰してはじめて、企業は人手に頼ることの危険性を認識し、イノベーションを起こそうと考える。

機械化・自動化で期待される効果は省人化にとどまらない。あらゆる仕事についてその中身を詳細に見ていけば、人手に頼らず完全自動化できる仕事というのは労働者が担っているタスクのごく一部であることに気づく。近未来においては、イノベーションの力によってロボットと人との協働が進み、一つひとつの仕事をより無理のない仕事に変える段階が、将来の完全自動化の前段階のステップとして挟まれるはずなのである。

たとえばドライバーの仕事について考えれば、公道における完全無人運転や荷役の完全自動化を達成し、人が介在しないサービスを実現するには相当の年数が必要になると考えられる。しかし、その手前で自動運転技術によるサポートによってドライバーの精神的な負荷を低減できるかもしれない。また、これまで手作業に頼っていた荷物の積み込みや荷下ろしについて、荷姿の標準化が進み、自動フォークリフトや自動搬送機が普及すれば、ドライバーの身体的負荷を下げることができるかもしれない。

スーパーの販売員の仕事に関して言えば、レジの無人化は今後急速に進むと見込まれる。しかし、中小規模の販売店において、レジ打ちの仕事をなくすだけで直ちに人員を削減することはできない。商品の品出しや陳列の作業は今後も残るだろうし、無人化されたレジにおいてもトラブル対応であるとか、客の求めに応じた案内などが必要になってくる。しかし、レジの無人化のおかげで従業員は顧客とのコミュニケーションにゆとりをもって取り組めるようになり、品出しの際にもロボットとの協働で重くて冷たい冷蔵物の陳列が無理なくできるようになる。

国全体としての技術水準が高く、他の先進国に先駆けて少子高齢化が進む日本は、この領域の技術革新を進めるにあたって、本来は優位な立場にあるといえる。産業機械やセンサーなどの技術領域で先行する日本が「自動化の世紀」の実現に向けて、国際社会で貢献できる余地は大きい。その一方で、安い労働力に無理に仕事をさせる方向に労働政策の舵を切ってしまえば、日本経済は厳しい国際競争からむしろ取り残されてしまうだろう。安い労働力の導入が市場全体に与える悪影響は計り知れない。

安くて質の高いサービスと消費者優位の市場環境

このようないびつな労働市場のあり方が、日本人の働き方に数々の弊害を生み出している。この問題を業界に関わっている人たちだけの問題だと考える人もいるかもしれないが、それは実態と異なる。こうした労働市場の諸問題は、むしろ日本に住むすべての人に関係している問題である。なぜなら、安い労働力の受益者は、ほかならぬ私たち一人ひとりの消費者だからである。

現在の日本の経済構造をみると、消費者と働き手との関係性に一定のゆがみが生じている。それを示唆する調査を一つ紹介したい。日本生産性本部が行った「サービス品質の日米比較」である。

この調査は日本のサービス産業の労働生産性を探るために行われた調査であり、米国滞在経験がある日本人を対象にした日本人調査と、日本滞在経験がある米国人を対象に行った米国人調査から構成される。調査の実施期間は２０１７年の2月末から4月上旬までの期間で、インターネットモニター調査によって実施されている。

同調査は日米両国に滞在経験がある人に対して、生活に身近な29種類のサービス（価格に関する調査が行われていない官公庁のサービスを除けば28種類）の品質と価格について、日本と米国のどちらが優れていたか、またどちらが安かったかを回答させている。本調査では、日本と米国でどのようなサービスを好むのかという嗜好性の差もあることから、米国滞在の日本人が答えた結果と日本滞在の米国人が答えた結果を合成したうえで、品質と価格の指数を作成している。

調査結果は驚くべきものとなっている。28種類のすべてのサービスで日本のサービスの質が高いという結果となったのである（**図表3－3**）。一方で、価格についてみると病院や大学教育のサービスについては日本のほうが明らかに安く、それ以外のサービスについては日米で概ね拮抗した結果となっている。つまり、高水準の品質のサービスが相対的に

図表3-3 サービス品質の日米比較

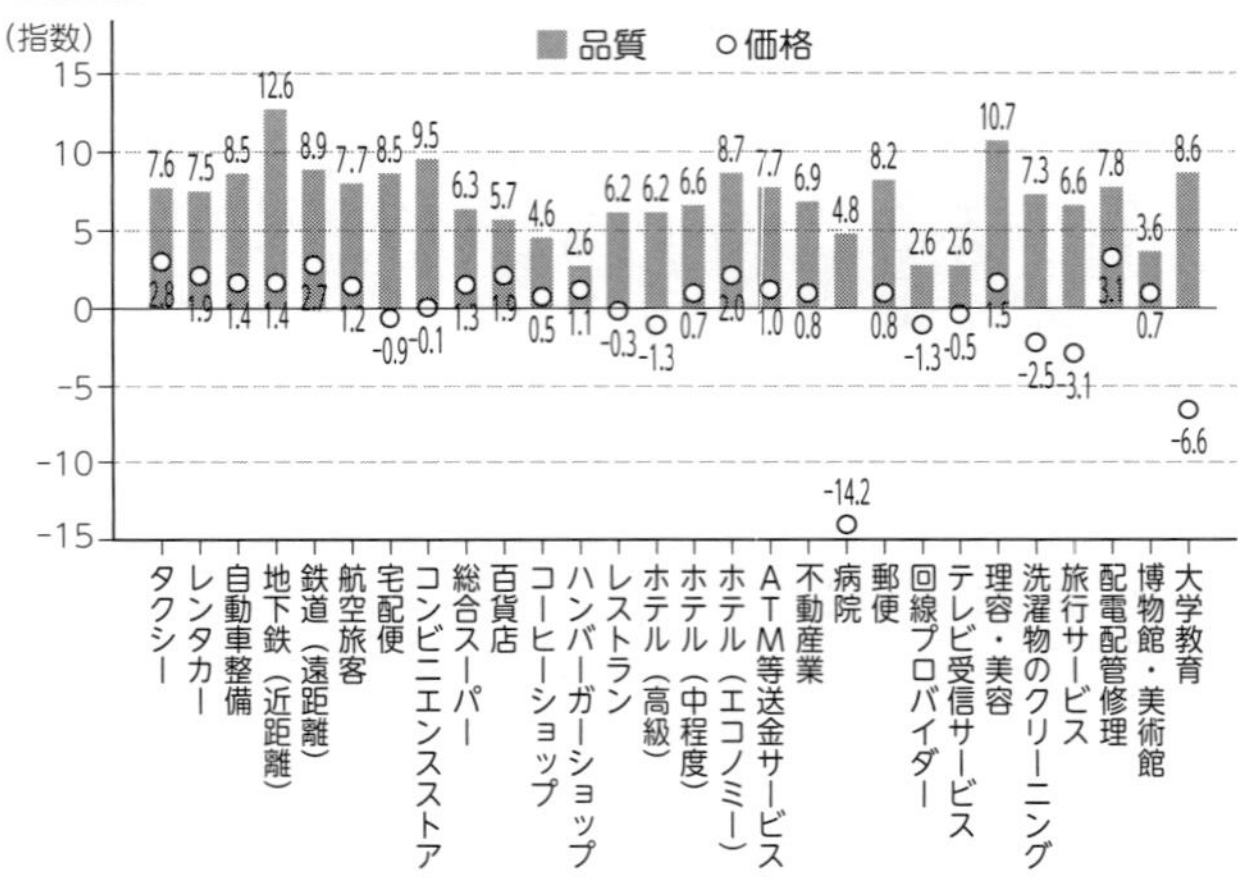

（出典）日本生産性本部「サービス品質の日米比較」

低い価格で提供されているのが日本のサービス関連市場の特徴になっているのである。

生産性の問題を語るとき、ものさしになるのは結局そのサービスがどの程度の貨幣価値を生むかということになる。つまり、どんなに質が高いサービスが存在していても、そこに適切な値付けがされなければ、そのサービスは生産性が低いサービスだとみなされてしまう。

日本の低い労働生産性は主にサービス業の生産性の低さからくるものである。サービスは他国と貿易することができないことから、同じサービスであっても異なる価格で取引されることは避けられず、そこには一定の内外価格差が生じることになる。日本ならではの良質なサービスが実際の価格に反映されないことで、物価指数やＧＤＰの計測からサービスの質に関する情報が漏れているという事情も、日本の生産性が上がらない一つの要因として隠れているとみられる。日本の生産性が低いというと日本人の努力が足りないのだと思われがちだが、生産性の正体が何かと考えていけばサービスに対する「評価」の問題に直面することになるのである。

もちろん、サービスの価格はその時々の為替レートの影響を受けることから、単純な比較は難しい。この点、近年は日本銀行による大規模金融緩和によって為替が円安方向に推移していることから、日本のサービス価格が米国に比べて安くなる傾向があるという事情には留意しておかなければならない。ちなみに、この調査が行われた２０１７年３月の対ドルの為替レートは、概ね１１０円台前半での推移となっていた。

このように調査結果を読みとく際にはいくつか注意する事項はあるものの、調査の結論として、市場原理主義国家ともいわれる米国よりも、日本のほうがより低価格で高品質なサービスが広く普及しているという事実は注目に値する。

同調査においては、日米のサービス価格と品質の分析に合わせて、日本のサービスのどのような点が優れているのかも洗い出している。調査の回答者は、タクシーや宅配便など運輸関連のサービスであれば「正確で信頼できるサービスを提供してくれる」こと、飲食・小売関連サービスであれば「接客が丁寧である」ことや「迅速にサービスを提供してくれる」ことなどについて、米国よりも日本のほうが優れていると考えていることがわかっている。

このように見ていくと、こうした生活に身近な仕事について、働き手はその仕事の価値に見合った適正な賃金を受けとれるべきではないか。そして、このような仕事に対して対価をしっかりと支払うべきだという提案は、決してバラ色の選択肢ではない。適正な賃金を支払うということは、その分のサービス価格の上昇を社会が甘受すべきであるということであり、これはすなわち消費者が相応の負担を受け入れるべきだということにほかならないからだ。

低価格で高品質なサービスがいつでもどこでも受けられる経済環境が定着することは、消費者にとっては非常に心地がいいものだ。日本の消費者がこうした利益を放棄し、小さな仕事で働き続ける人に適正な対価を支払う覚悟を持てるか。働き手が不足し、その希少価値が高まっている現代において、こうした痛みを日本に住む全ての人が受け入れ、消費者優位の市場環境を転換させていくことができるかが、今問われているのである。

無理のない仕事と豊かな消費生活との両立を

資本主義社会においては、激しい企業間競争のもとで、財やサービスの質を改善していこうとしのぎを削ることは当然であり、それ自体は否定されるべきものではない。しかし、それと同時に、市場における競争が行きすぎたものになっていないかどうかについて、私たちは常に目を光らせておかなければならないのではないか。

日本の過剰ともいえるサービス品質は、一人ひとりの労働者の献身によって成立している。日本に住む消費者にとって、ECサイトで注文した商品が翌日に手元に届くことは既に当たり前となっている。また、頼んだ時間に商品が正確に送り届けられることも、不在であっても追加料金なしに何度も足を運んでもらえることも、日本では当たり前のことである。しかし、こうした過度に便利なサービスの陰には、働き手の絶え間ない努力が存在する。

飲食店や小売店、宿泊施設において、消費者がサービスの品質について苦情一つ言えば、従業員はその苦情に懇切丁寧に対応してくれる。このようなサービスについても、その裏で消費者の過度な要望に心を痛めている労働者が必ずいる。

こうした状況を顧みたとき、日本社会は小さな仕事で働き続ける人たちに対して、あまりにも冷たい社会なのではないかと私は感じるのである。また、このような消費者偏重の市場メカニズムが、働き続けるよりも、引退して純粋消費者になるほうが得をする社会を形成させてしまっているのではないだろうか。
日本社会が生涯現役社会を志向するのであれば、一人ひとりの労働者を大切にする労働環境を構築していくことが何よりも大切である。そして、一つひとつの小さな仕事が人々の生活を豊かにしているという事実に、私たち一人ひとりが自覚的でいなければならない。

さらに言えば、いつでもどこでも便利で安価なサービスを受けたいと考える消費者の欲望に向き合い、これからの労働供給制約社会において本当に必要なサービスとは何かを真剣に考える時が来ているのではないか。少子高齢化が進むなかで労働に頼りすぎない生活スタイルを浸透させていくことが、日本社会の今後の重要な課題となってくるのである。

自宅まで届けることが当たり前となっている宅配サービスについて、こうした高水準のサービスも適切な価格設定の下で選択肢として残すことは良しとしても、通常の価格設定においては集配所まで取りに行くような消費者側の歩み寄りがあってもよいのではないか。外食に行った際、大衆店であれば、下げ膳や上げ膳など自身でできることは客側が行っても良いのではないか。

また、街中で見かける警備員の方々はもれなく立哨（りっしょう）での警備を余儀なくされている。

警備業は人々の安全を守る大切な仕事である。そして、警備員とすれば雨の日も雪の日も長時間立ち続けて業務を行うことは簡単なことではない。しかし、警備の仕事というものは、本当にすべての現場で常時立哨での仕事をする必要があるものだろうか。働き手のことを社会が本当に親身に考えているのであれば、座哨を組み入れた警備ができないということは、私はないと思う。

雇用を生むことがすばらしいことだという考え方、また受け取る対価にかかわらず顧客のためには最善を尽くさなければならないという考え方、こうした考え方は時代の変化に応じて変わっていく必要がある。そして、これからの日本社会においては、働き手による無理のない仕事と豊かな消費生活をどう両立させるかを考えていかなければならない。

働き手にやさしい労働環境を整えて初めて、歳を取ってまで働きたくないと考えている人たちを労働市場に呼び戻すことができる。働くことへのインセンティブを高めることでより多くの労働参加を促し、多数の人による無理のない仕事によって、各地域で適切な質のサービスが行き届くようになる。こうした姿が生涯現役時代において目指すべき日本経済のあり方なのである。

これまで言及してきた通り、高齢期の就業者の方々の話を聞いていてわかるのは、彼らの大半は、現在の仕事を通じて少しでも人の役に立ちたいという思いで働いているということである。こういった方々の真摯な思いを尊重し、働くことが報われる社会になるためには、労働者の献身によって支えられている労働市場の諸問題を是正していかなければならない。

適切な規制が、秩序ある労働市場を形成させる

なぜ日本では安価で質の高いサービスがここまで流通しているのか。日本人がまじめすぎること、生産性が高い企業への労働移動がスムースに進まないことなど、様々な要因があげられる。

こうしたなか、問題の根幹は市場の競争環境にあるのではないだろうか。

賃金が低い水準で押さえつけられている業態をみてみると、その多くは競争が激しく、新規参入が容易な業態である。競争が激しい業界においては、既存企業が少しでもサービス水準を落とすと他企業に仕事を持っていかれてしまう。また、新規参入の障壁が低い業界においては、安いサービス価格を売りにした企業が参入してくる危険性と常に隣り合わせであり、サービス価格高騰につながる賃金水準の引き上げは難しい。

自由な競争市場を大原則としたうえで、過当競争を防ぐために必要な規制があるのでは

ないか。過去、運輸業界や通信業界で行われていたような産業に直接規制をかける旧来の手法が必要だと言っているのではない。非効率な規制を撤廃することで市場における公正な競争を促しつつ、それと同時に、適切な労働規制の整備と運用によって市場の失敗を補完していくことが重要なのである。

近年の労働市場改革は、このような方向性に適ったものとなっている。2018年7月に公布された働き方改革関連法においては、時間外労働の上限規制が導入されるなど、労働時間に関する制度等の大きな見直しが行われている。

こうしたなか、労働規制の運用体制にはいくつかの課題が残されている。労働基準監督署は、基準を上回る時間外労働や不当な解雇、残業代の未払いなど、事業場における違法行為について日々監督指導を行っている。同署に勤務する労働基準監督官は司法警察員としての権限を付与されており、行政指導にもかかわらず事業場の法令違反が是正しない場合、差し押さえや逮捕などの強制捜査によって、検察庁に送検することができる。

法令上は強い権限を認められている労働基準監督官であるが、一つの違法行為を事件化するためには証拠の収集や捜査書類の作成など膨大な手間がかかる。

労働基準監督官の定員は全国で3000人超と、諸外国と比べてもその体制は脆弱である。全国で500万超ある事業場について、労働基準監督官による監督指導が行き届かず、結果として違法行為が常態化している企業も少なくない。公務員の人員などについては国民の税負担に直結することから厳しく監視していくべきではあるが、悪質な企業の市場からの退出を促し、市場に質の高い仕事を増やしていくためにも、労働行政の一定の体制強化も必要だろう。

最低賃金に関しては、近年大幅な引き上げが行われているところである。全国加重平均の最低賃金額は2021年度において930円。10年前の2011年度には737円であったことから、この10年間で26%の上昇となっている。一年当たりの上昇率に直すと2・4%となり、近年の日本経済成長率を考えると最低賃金の引き上げは積極的に行われていると評価することができる。

最低賃金には、賃金の最低額を保障することによって、低所得者の労働条件の改善を図る目的がある。一方で、一般的には、最低賃金の引き上げによって企業の採用意欲が冷え込めば、失業者が増加してしまうことがそのデメリットとして懸念される。

しかし、実際に足元の日本の労働市場をみると、最低賃金が断続的に引き上げられているにもかかわらず、なお市場では深刻な人手不足の状態が続いている。このようにして考えれば、労働供給制約時代を迎えている日本の労働社会において、最低賃金はもっと大胆に引き上げていってもよいのではないか。

労働側が主張する時給1500円程度の最低賃金であれば、失業率の急上昇という副作用を伴わずにこれを達成することはできるのではないか。現在、全国加重平均で1000円にも満たない状況からすると野心的な考えに聞こえるかもしれないが、現在の労働市場のひっ迫度合いをみていると、時給1500円でいつでも誰でも無理なく働き続けられる社会の実現は十分可能だと思う。これによって経営が苦しくなった事業者への対策も欠かせない。経済の健全な新陳代謝を促すためにも、倒産時の債務整理などには一定の寛大さも求められよう。

小さな仕事で働き続ける人への制度面からの支援ももっと積極的に考えたほうがよいだろう。社会保険の適用拡大などの取り組みをさらに進めていくことも必要である。給付付き税額控除といった税制上の改革も一層踏み込んだ議論が求められる。米国などでは、勤労所得税額控除（EITC）によって勤労所得のある世帯に対する税額控除を与え、所得が低く控除しきれない世帯にはその分の給与を行っている。税制上の課題や生活保護制度など諸制度との兼ね合いに留意しつつも、生涯現役社会に即した税・社会保障制度を構築し、小さな仕事を応援していく社会を実現することはできないのだろうか。

これまでの日本社会は、高齢期に働かないでも豊かに暮らせるための社会保障制度をいかに充実させるかということに、政府も個人も腐心しすぎてきたのかもしれない。残念ながらこれからの時代においては、働かないで豊かに暮らしたいという人々の願いのなかに、持続可能な解は見出せない。

そうであれば、高齢期に働き続けてもなお幸せな生活を送ることができる社会を目指すという方向性が、現代社会におけるより現実的な答えになるのだろう。そのためには、たとえ小さな仕事であっても、自身ができる範囲で働き続けたいと考える人を政策的に支援することは何より重要となる。

少子高齢化のなか、労働者に有利な条件を整備することで、高齢者の労働参加を拡大させる。高齢期に無理なく働き続けられる人が増えることで年金財政への依存度が低下すれば、働けなくて本当に困っている人たちへの福祉により多くの財源を充当させることもできる。

労働者の希少性が増している現代だからこそ、労働者に有利な環境を政策的に実現することは十分に可能なのではないかと考えるのである。

おわりに

人生100年時代と言われる現代において、定年後の人々をとりまく環境は大きく変わっている。

本書で解説した通り、現代における「ほんとうの定年後」は、誰もがその時々の状態に合った「小さな仕事」に従事しながら、無理のない仕事と豊かな消費生活を両立している姿にあると考える。

定年前のキャリアと定年後のキャリアの構造は確かに違う。就労観に関するデータにもあった通り、定年前のキャリアにおける一つのキーワードとして間違いなく存在しているのは「競争」という概念である。「競争」という言葉は人によってはあまり良いイメージがないかもしれないが、これは社会を豊かにしていく上で大切な概念である。現役世代の人々を中心として、仕事において互いに切磋琢磨していくことでイノベーションが生まれ、人は豊かな消費生活を送れるようになる。

そこには必然的に勝ち負けも生じる。ビジネスで成功して競争に勝ち残った人がいれば、その成果は大いに讃えられるべきだろう。また、残念ながら競争に勝ち残れず、結果として自身が当初望んだものが手に入らなかったという人もいるかもしれないが、それもそれでいいではないか。

多くの定年後の就業者の話を聞いているなか、定年後に幸せな生活を送る上で重要だとわかってくるのは、過去の自身のキャリアがどのようなものであったかということではなく、いまの仕事が豊かで満足できるものであるかどうかということである。そうであれば、現役時代の競争を中心としたキャリアにはそれはそれでいったん区切りをつけて、定年後の新しいキャリアに向けて良いスタートを踏み出すということが大切なのではないか。

定年前のキャリアから定年後のキャリアへの移行プロセスについて考えてみると、現役時代の過度なストレスから解放される側面と、社会制度や自身の状態の変化によって定年前のキャリアを諦めざるを得なくなる側面との両方が存在している。そして、その強弱は人によっても異なる。少しでも多くの人が過去のプロセスにおいて、深く納得をして定年後のキャリアに移行できるのであればそれが最善であるが、そこには実際問題として一定の難しさがあるというのも事実である。

本書で強調しておきたいことはあくまで、定年後の就業者の多くが、無理のない仕事と豊かな生活を両立しながら、幸せに暮らすことができているという事実である。これは数々のデータを分析してみた結果や私が数多くの定年後の就業者に対するヒアリングの感触からすれば、おそらく事実であると考えてもよいと思う。

そうであれば、現役時代のキャリアがどのようなものであったかということや、定年後のキャリアへの移行プロセスが納得できるものであったのかどうかは、もはやそこまでこだわりすぎなくてもよいのかもしれない。

これからの日本社会は、その人の年齢にかかわらず、すべての人が社会に対して何かしらの貢献を行うことが求められる時代となる。そして、人が変わるのと同時に、社会も変わっていかなければいけない。たとえ高齢期の仕事が「小さな仕事」であったとしても、それが確かに誰かの役に立っているのであれば、そのような仕事に誰もが敬意を示し、報いることができる社会に、日本はなっていかなければならない。そのための方法論は、若い世代も含め、みなが当事者意識をもって考えてほしい。

急速な人口減少が進むなか、経済大国としての日本を取り戻すことはもうできないだろう。しかし、こうした小さな仕事を積み重ねていくことで、小さくても豊かな国を作り上げることはできるはずなのである。持続可能で豊かな経済社会の実現に向けて、シニア世代に対する若い世代からの期待はいまなお大きい。

本書の論考は、リクルートワークス研究所で行った研究プロジェクト「価値変容プロセスから探る、定年後のキャリア」をもとにしている。研究を進めるにあたっては、様々な方々から知見をいただいており、この場を借りてお礼を申し上げたい。

特に、定年前のキャリアから定年後のキャリアへの移行プロセスなどについては、共同研究者であるNPO法人いろどりキャリア理事谷口ちさ氏の知見を大いに参考にさせていただいている。谷口氏の論考については、リクルートワークス研究所のホームページにおいて、同研究プロジェクトの成果として公開しており、是非参照いただきたい。また、第2部の定年後の就業者の事例については、ヒアリングにご参加いただいた多数の方々の貢献によるものである。ここに重ねて感謝を申し上げたい。

N.D.C. 360　262p　18cm
ISBN978-4-06-528605-0

図表製作　株式会社アトリエ・プラン

講談社現代新書　2671
ほんとうの定年後　「小さな仕事」が日本社会を救う

二〇二二年八月二〇日第一刷発行　二〇二二年八月二四日第二刷発行

著者　坂本貴志　© Takashi Sakamoto 2022
発行者　鈴木章一
発行所　株式会社講談社
東京都文京区音羽二丁目一二—二一　郵便番号一一二—八〇〇一
電話　〇三—五三九五—三五二一　編集（現代新書）
〇三—五三九五—四四一五　販売
〇三—五三九五—三六一五　業務
装幀者　中島英樹／中島デザイン
印刷所　株式会社新藤慶昌堂
製本所　株式会社国宝社
定価はカバーに表示してあります　Printed in Japan

「講談社現代新書」の刊行にあたって

教養は万人が身をもって養い創造すべきものであって、一部の専門家の占有物として、ただ一方的に人々の手もとに配布され伝達されうるものではありません。

しかし、不幸にしてわが国の現状では、教養の重要な養いとなるべき書物は、ほとんど講壇からの天下りや単なる解説に終始し、知識技術を真剣に希求する青少年・学生・一般民衆の根本的な疑問や興味は、けっして十分に答えられ、解きほぐされ、手引きされることがありません。万人の内奥から発した真正の教養への芽ばえが、こうして放置され、むなしく滅びさる運命にゆだねられているのです。

このことは、中・高校だけで教育をおわる人々の成長をはばんでいるだけでなく、大学に進んだり、インテリと目されたりする人々の精神力の健康さえもむしばみ、わが国の文化の実質をまことに脆弱なものにしています。単なる博識以上の根強い思索力・判断力、および確かな技術にささえられた教養を必要とする日本の将来にとって、これは真剣に憂慮されなければならない事態であるといわなければなりません。

わたしたちの「講談社現代新書」は、この事態の克服を意図して計画されたものです。これによってわたしたちは、講壇からの天下りでもなく、単なる解説書でもない、もっぱら万人の魂に生ずる初発的かつ根本的な問題をとらえ、掘り起こし、手引きし、しかも最新の知識への展望を万人に確立させる書物を、新しく世の中に送り出したいと念願しています。

わたしたちは、創業以来民衆を対象とする啓蒙の仕事に専心してきた講談社にとって、これこそもっともふさわしい課題であり、伝統ある出版社としての義務でもあると考えているのです。

一九六四年四月　野間省一